ドキュメント「働き方改革」

朝日新聞記者
澤路毅彦
千葉卓朗
贄川俊

旬報社

［目次］

第2章　首相裁定

第3章　電通事件

第4章 連合の苦悩

第5章 国会審議

エピローグ

あとがき

プロローグ　二〇一五年一二月

静岡県内にある梱包資材工場の事務室の電話が鳴ったのは、二〇一五年一二月二五日午後四時ごろだった。事務員として勤務する高橋幸美（当時五二）は場内の食堂で布巾を洗っていた。同僚に呼ばれて電話に出ると、相手は警視庁深川署の警察官だった。

「娘さんは、電通にお勤めですよね。本日、亡くなりました」

幸美の長女、高橋まつりは、この年四月に電通に入社。この日午前一〇時一六分ごろ、東京・門前仲町の女子寮のマンション四階から飛び降りた。向かいのビルで塗装作業をしていた作業員が一一〇番し、聖路加国際病院に運ばれたが、午前一一時前に死亡が確認された。二四歳だった。

まつりが安置された深川署で幸美は、スマートフォンを受け取った。まつりがＳＮＳに残した多くのメッセージは、電通社内の過酷な長時間労働の実態を物語っていた。

ザ・キャピトルホテル東急

二〇一五年一二月八日、東京・永田町の「ザ・キャピトルホテル東急」。三階のレストラン「ORIGAMI」の個室で、安倍晋三・首相の側近、加藤勝信・一億総活躍担当相と、新原浩朗・内閣府官房審議官が朝食を採っていた。加藤が上司、新原が部下の関係にある。ザ・キャピトルホテル東急は、一九六六年に来日したビートルズが宿泊した由緒あるホテルだが、首相官邸の真裏に位置し、官邸幹部や国会議員らが打ち合わせや会合のために頻繁に利用する高級ホテルでもある。

個室には、もう一人、労働法を研究する水町勇一郎・東京大学社会科学研究所教授がいた。

水町は新原に加藤へのレクチャーを頼まれていた。テーマは「同一労働同一賃金」だ。大胆な金融緩和と財政出動でデフレ脱却を目指してきた安倍政権の「アベノミクス」は、政権発足から三年が経ち、「弾切れ」感が強まっていた。国会では、アベノミクスの成果よりも、「格差が広がった」という「弊害」に焦点があたる場面が増えていた。

非正社員と正社員の抱える格差問題の解決策として、政権が注目したのが、「同一労働同一賃金」というキーワードだった。

「日本での実現は難しい」とされていたが、同一労働同一賃金が実現しているとされてきた欧州の法制度や裁判例を研究した水町は、「日本で実現することは可能」と主張し、二〇一一年には「同一労働同一賃金は幻想か？」というタイトルの論文を発表していた。

現役閣僚と高級官僚を前に水町は、数千円もする朝食にほとんど手をつけられないまま、自説をレクチャーした。加藤は、注文したカスピ海ヨーグルトを口に運びながら、大学ノートに熱心にメモを取っていた。加藤は、水町にいくつか質問をした。事前に水町の論文を読んで理解していることは明白だった。新原は加藤のそばで頷いていた。

水町が朝食を味わう時間もないまま、この日の会合は終わった。

約一か月後、二〇一六年一月二二日の衆院本会議。安倍は施政方針演説で非正社員の待遇改善のため「同一労働同一賃金の実現に踏み込む」と宣言した。

施政方針の内容をニュースで知った水町は驚いた。

「私が話したことを、首相がこんな形で言うなんて」

それぞれの「働き方改革」

加藤は二〇一六年八月三日の内閣改造で新設の働き方改革担当相に就いた。九月には働き方改革実現会議が発足した。

事務局で実現会議を仕切ったのが新原だった。水町は実現会議のメンバーに選出された。会議のテーマとして九項目が掲げられたが、「時間外労働の罰則付き上限規制」と「同一労働同一賃金の実現」が最重要の二大柱だった。いずれも法改正が必須で、経済界と労働界の了解がなければ、法案提出は難しい。

実現会議のメンバーには、労使双方のトップである、榊原定征・経団連会長と神津里季生・連合会長が入った。労使トップと首相が同じ机を囲み、政策方針を決める仕組みがこの時点で完成。「最高の意思決定」によって既定路線化を図り、その後の政策決定プロセスを縛る安倍政権特有の政治手法が発揮されていくことになる。

一方、二〇一二年の政権交代後、安倍政権から冷遇され続けてきた連合は、実現会議以降、今度は安倍政権の手法に翻弄され続けることになる。

実現会議発足翌月の一〇月七日、高橋幸美が、厚生労働省で記者会見を開いた。電通の新入社員だった娘のまつりの自殺の原因が長時間の過重労働だったとして、労災認定されたことを発表する内容だった。

会見後の展開は、当事者の想定を超えた。厚生労働省の専門チーム「過重労働撲滅特別対策班」、通称「かとく」が、電通を強制捜査し、その年のうちに、法人としての電通とまつりの元上司を労働基準法違反で書類送検。刑事事件に発展した。

二〇一八年一月二二日に始まった「働き方改革国会」。

働き方改革関連法案の責任者として国会答弁を担ったのは、厚労相に「昇格」していた加藤だった。

実行計画には、実現会議でほとんど議論されなかった「高度プロフェッショナル制度」と「裁量労働制の対象拡大」の早期実現が明記され、関連法案に盛り込まれることになっていた。しかし、厚労省による労働時間調査がずさんだったことが国会であきらかになり、裁量労働制の対象拡大は法案から削除された。

二〇一八年六月二九日、働き方改革関連法が成立した。幸美は、その瞬間を参院本会議場で見守った。

安倍政権が「最大のチャレンジ」とした「働き方改革」は、二〇一六年春から二〇一八年夏にかけて、政権の重要な政策課題となった。官邸主導のプロセスの中で当事者の思惑が交錯し、予想もしなかったドラマが生まれた。本書は、その内幕を描いたドキュメントである。

※本文中に記載した方々の肩書は原則として当時のもので、敬称は省略させていただきました。

第1章
将軍

「一億総活躍国民会議」壁際の中央右が新原浩朗・内閣府官房審議官

「総理が問題意識」

二〇一四年秋、内閣府官房審議官の新原浩朗は官邸に呼び出され、複数の首相秘書官らに囲まれた。官邸幹部は「折り入って、新原さんにお願いしたいことがある」と切り出し、こう言ったという。

「総理が、働き方の問題に強い問題意識をもっている」

安倍晋三・首相が意識していた課題は二つ。一つが「同一労働同一賃金の導入」、もう一つが「時間外労働の上限規制の導入」。新原は、この二つの課題を検討するよう指示を受けた。

新原はこの場で、「同一労働同一賃金」について厚生労働省が作成した参考資料を見せられた。

欧州の賃金制度は、「職務給」がベースになっていて、労働者の「職務」に応じて賃金が決まる。一方、日本は「能力給」がベースだ。こうした違いがあるため、「同一労働同一賃金」を日本で導入することは難しい。そんな内容だった。

この政府資料の説明に安倍首相が「本当なのか」と疑問を持った、というのだ。

新原自身も、この時、「変だな」と思った。

新原はかつて、ドイツやフランスなど欧州の企業の人事制度を研究したことがある。欧州の企業も、日本と同様に能力評価をしているケースを見聞きしていた。職務によって一律に賃金が決まる、という説明は、新原の経験知ともずれていた。

「この時、『変だ』と思ったことが、後に、水町勇一郎先生につながった」と新原はいう。

この年の秋の臨時国会では政府が提出した改正労働者派遣法案が与野党の対決法案となっていた。野党が対案として提出したのが「同一労働同一賃金推進法案」だ。

一〇月二八日の衆院本会議で、安倍は「同一労働同一賃金」について、「重要な考え方である」としたあとで、こう答弁している。


「能力や責任の大きさなどさまざまな要素を考慮して労働者の処遇が決定されることが一般的である我が国の労働市場においては、こうした仕組みを導入するには、乗り越えるべき課題があります」

「同一労働同一賃金」は一般的には「同じ仕事に対して同じ賃金を支払う」という考え方

のことだ。正社員と非正社員の待遇格差が比較的小さい欧州諸国に根付いているとされ、日本でも実現するべきだという議論がされてきた。

日本では、賃金体系の仕組みや労働組合のあり方など、前提条件が大きく違う。欧州のような同一労働同一賃金を日本で導入するには、大きなハードルがあるというのが、政府だけなく経済界や労働界の一部にも共通する認識だった。

厚生労働省は、そうした趣旨の答弁を用意した。ところが、当時官房副長官だった加藤勝信によると、答弁の事前打ち合わせで安倍はこうもらしたという。

「こんな答弁でよいのだろうか」

安倍の側近でもある加藤は「非正社員には正社員との格差がある。何かできないかという問題意識を首相はずっと持っていた」と振り返る。

「同一労働同一賃金は幻想か？」

　ドイツやフランスなど欧州では、産業別に組織された労働組合と経営者団体が話し合い、仕事内容と職務等級に応じて、企業の枠を超えて基本給の水準を決める仕組みがある。同じ仕事で同じ等級の労働者は雇用形態にかかわらず同じ賃金になる。このため、正社員と非正社員の賃金格差がつきにくい。

　一方、日本の労働組合は企業別に組織されている。正社員は、職務内容よりも長期的な能力形成が重視され、賃金も企業内部の事情によって決まる。一方、非正社員は企業の外の労働市場によって賃金水準が大きく左右される。

　二〇一一年、「同一労働同一賃金」に関する、少し風変わりなタイトルの論文が発表された。

「『同一労働同一賃金』は幻想か？」

　著者は水町勇一郎。東京大学社会科学研究所教授で、専攻は労働法。学界や実務に強い影響力を持つ菅野和夫・東京大学名誉教授の門下だ。フランスとアメリカに留学経験があり、審議会や政府関係の研究会のメンバーに名を連ねることも多い。

非正規雇用の立法政策を長く研究テーマにしていた水町は、欧州諸国の労働裁判例を調査していた。その成果の一つがこの論文で、経済産業省が所管する経済産業研究所のプロジェクトの一環として出版された書籍に収録されている。

欧州の企業で働く労働者は「同一労働同一賃金」だから、同じ仕事をする社員同士はみんな同じ賃金だと思われている。しかし、裁判例では、賃金差が認められるケースがある。ただ、それには「合理的な理由」を説明する必要があり、「不合理な理由」によって賃金差をつけることが禁じられている。

「同一労働同一賃金」の欧州も、法原理としての実態は「不合理な待遇差の禁止」原則だということを、水町はさまざまな裁判例を紹介しながら論じた。その上で、「不合理な待遇差の禁止」ならば日本でも実現することが可能だ、と結論付けた。

四年後の二〇一五年夏、政府関係者から水町に電話がきた。

「首相秘書官を務めたこともある偉い人が、新しいタマ(政策)を考えるので、話を聞かせて欲しい」

指定された永田町の合同庁舎八号館に出向くと、待っていたのは新原だった。新原は水町の論文を読んで、連絡してきたのだった。

水町は、かねてからの持論を披瀝。非正社員との待遇格差をなくすためにできる具体的な方策も提言した。後に、「同一労働同一賃金」の最重要施策となる「ガイドライン」(指針)

の策定だ。

ただ、政府側から水町への連絡は、この後しばらく途絶える。その間に、アベノミクスは転換点を迎えようとしていた。

一億総活躍社会

二〇一五年九月、安倍はアベノミクスの新たな柱として「新三本の矢」を打ち出し、「一億総活躍社会」というキャッチフレーズを掲げた。

当初のアベノミクスの柱は①大胆な金融緩和、②積極的な財政政策、③成長戦略の「三本の矢」だった。

もっとも一貫していたのが金融緩和だ。いわゆる「リフレ」政策によって、デフレ状況を改善しようという考え方による。安倍と距離を置く白川方明は任期満了を待たずに日本銀行総裁を退任し、二〇一三年三月には黒田東彦が日本銀行総裁に就任した。黒田は「二年でインフレ率二％達成」を目標に掲げ、本格的な金融緩和に乗り出した。

安倍政権は、「三本の矢」以外にも、デフレ脱却を目指す方策を積極的に打ち出した。

その一つが、賃上げに関わる春闘への口先介入だ。

春闘は本来、個別企業の労使交渉が前提になっている。ところが、安倍政権は繰り返し経済界や企業に対して賃上げを要請した。二〇一三年から二〇一五年にかけて開かれた、「経済の好循環実現に向けた政労使会議」は賃上げ要請の舞台になった。これらの動きは「官製春闘」としてメディアで報道された。経済界が政権の意向に異を唱えない傾向は、二〇一四年六月に榊原定征が経団連会長に就いてから一層強まり、多くの企業は安倍の意向に従う姿勢を見せた。

これらの政策にかかわらず、経済状況は政権が思うようには好転しなかった。それが、消費税引き上げにも影響した。二〇一四年四月に消費税率を五％から八％に引き上げたものの、予定されていた一〇％への引き上げは二回延期されている。

アベノミクスが息切れしている——。政権が「アベノミクスの第二ステージ」として「一億総活躍社会」をぶち上げた背景には、そんな危機感が漂う。

具体策をとりまとめる責任者として、「一億総活躍担当相」というポストが新設された。「一億総活躍担当相」に任命され初入閣を果たしたのが、安倍側近の加藤勝信だ。

具体的な政策を議論する場として、官邸には安倍を議長とする「一億総活躍国民会議」が設置された。会議を取り仕切る官僚が詰める事務局として、「一億総活躍推進室」が内閣官房内に作られた。二〇一五年一〇月一五日には、安倍と加藤がそろって「看板掛け」

を行い、報道陣にアピールしている。この推進室の事実上トップに就任したのが新原だ。

「下村―都留論争」

新原は、新しく上司となった一億総活躍担当相の加藤とともに、安倍を訪ねた。

新原は安倍に、こんなことを聞かれた。

「成長と分配についてどう考える?」

それはどういう意味ですか、と新原が聞き返すと、安倍は自らの経済観を披瀝し始めたという。

「最初の政権で考えていたのは、成長。成長すればみんなハッピー、と思っていた。でも、分配なくして成長はできるだろうか。高度経済成長期に、成長か分配か、という議論があった。(池田勇人内閣で経済政策を担った)下村治は成長が先だと言った。経済学者の都留重人は分配が先だと言った。だけど、両方とも間違っているんじゃないか。ある程度分配がなければ成長できないし、分配しないと次の成長につながらない。成長と分配は、循環的な構造になっているんじゃないか。」

安倍は、過去の国会でも「下村―都留論争」に言及したことがある。

これを聞いて、新原は、分配が確保されないと成長率はあがらない、という趣旨の説明をした。それに対して、安倍はこう言ったという。

「やっぱり、そうなのか。『循環』を一億総活躍のテーマにしよう」

「成長と分配の好循環」。これがその後、安倍政権が経済政策の中心にすえたキャッチフレーズだ。

水町提言

一億総活躍の議論は、まず、介護と子育て対策が中心となった。翌夏に参院選を控え、即効性があり見えやすい政策を打ち出すことが求められていた時期だった。二〇一五年一一月には、低所得の高齢者に一人当たり三万円の給付金を配布することや、介護施設や保育園の数や職員を増やすことなどを柱とする緊急対策をまとめ、総額約一兆円超を補正予算に計上した。

「保育園落ちた。日本死ね」というツイッターが話題を集め、国会で取り上げられたのもこの頃だった。

そんな中、「同一労働同一賃金」の準備は、水面下で進んでいた。二〇一五年秋には、加藤が、賃金問題や労使関係に詳しい学者や有識者を呼び、ヒアリングを行っている。そうした中で、加藤と新原が重視したのが水町だった。

新原は「かなりの人数にヒアリングしたが、企業の実務が書いてあったのは、水町ペーパーだけだった」と話す。

一二月八日朝、東京・永田町のザ・キャピトルホテル東急のレストラン「ＯＲＩＧＡＭＩ」に、加藤と新原が水町を呼び、朝食を採りながらヒアリングした。

年が変わって二〇一六年一月二二日、安倍は施政方針演説で「同一労働同一賃金の実現に踏み込む」と宣言した。

一億総活躍国民会議で「同一労働同一賃金」がテーマになる前の二月一八日、安倍は官邸に水町を呼んだ。五日後に開催される一億総活躍国民会議では「同一労働同一賃金」がテーマで、水町が委員に説明することになっていたが、その時間帯に安倍が出席できないため、事前に話が聞きたいという趣旨だった。

同二三日、第五回の国民会議で水町は「日本でも、同一労働同一賃金原則の導入は可能ではないかと考えられる」と提言。導入のための具体的な方策について、こう述べた。

「ヨーロッパの例などを参考にしながら、（非正社員と正社員の間の賃金差を正当化する）合理的な理由としてどういうものがあるのか、政府としてガイドラインを示すことによって、ある程度交通整理をすることが必要」

国民会議は非公開だが、会議終盤に首相が話す数分間のあいさつだけは、報道陣に公開される。安倍は、水町の提言を受ける形で、報道陣を前にこう述べた。

「政府としても、早期にガイドラインを制定し、事例を示してまいります」

「同一労働同一賃金」という看板

安倍が力強く打ち出した「同一労働同一賃金」の内容は、これまで一般的に理解されてきた「同一労働同一賃金」とは異なる。実際には「不合理な待遇格差の禁止」だった。

非正社員と正社員の間に、賃金や福利厚生を含めた待遇に大きな格差があることは、バブル崩壊後の一九九〇年代から問題となっていた。

こうした格差を是正するために、日本でも法律が整備されてきた。

一つはパートタイム労働者を対象とするパートタイム労働法(パート法)、もう一つが有期契約労働者を対象とする労働契約法だ。労働者派遣法についても、パート法や労働契約法のような規制は強くはないが、努力義務が書かれていた。

格差を是正するために二つの道筋が考えられてきた。「均等待遇」と「均衡待遇」だ。

「均等」とは、正社員と「同じ仕事」をしている人を、雇用形態が違うからといって、待遇に差をつけることを禁じる原則のこと。当時は、パート法にだけ規定されていた。

「均衡」は、待遇に差をつける場合でも「待遇差が不合理であってはならない」という考え方だ。当時の法律では、パート法八条と労働契約法二〇条にほぼ同じ条文が定められていた。

どういった待遇差が「不合理」なのか。労働契約法二〇条は①仕事の内容(業務内容と責任の程度)、②人材活用の仕組み(仕事内容と配置変更の範囲)、③その他の事情、の三つを総合考慮したうえで、待遇差は「不合理であってはならない」としている。

ただ、企業にすれば、どのようにすれば違法とならないのか、よくわからない。法律を根拠に労働者が企業を訴える裁判例の積み重ねが必要になるが、多くの非正社員に影響する労働契約法二〇条が施行されたのは二〇一三年四月。安倍が「同一労働同一賃金の実現」

を表明した二〇一六年一月時点では裁判例は少なく、最高裁判決はまだなかった。

それでは、非正社員と正社員の格差是正がなかなか進まない。裁判例が少ないのであれば、「どういう場合が不合理なのか」の具体例を政府が示せば良い。これが「ガイドライン」の発想だった。

安倍政権が言う「同一労働同一賃金」は、一見目新しい立法政策のように見えるが、従来の非正規雇用政策の延長上にあるものだ。

水町の論文を参考にすることで、安倍政権は「均等・均衡」政策に「同一労働同一賃金」という世間受けしやすい看板を付けたわけである。

一億総活躍プランの「働き方改革」

一億総活躍国民会議は計九回開催(最後の一回は、持ち回り開催)され、二〇一六年六月、「ニッポン一億総活躍プラン」が閣議決定された。

一億総活躍プランでは、①希望を生み出す強い経済、②夢をつむぐ子育て支援、③安心につながる社会保障の三つが「新三本の矢」として打ち出された。

ここで強調されたのが「成長と分配の好循環」。「同一労働同一賃金」は、最低賃金の引き上げとともに賃金政策として意識されている。

一億総活躍プランには、「働き方改革」の二大テーマである「長時間労働の是正」と「同一労働同一賃金」が、具体策も含めて書き込まれていた。

・同一労働同一賃金　「どのような待遇差が合理的であるかまたは不合理であるかを事例等で示すガイドラインを策定する」
・長時間労働の是正　「いわゆる三六《サブロク》協定における時間外労働規制の在り方について、再検討を開始する」

「三六協定」は、労働基準法が定める週四〇時間、一日八時間という法定労働時間の規制を解除する労使協定のことをいう。この協定を結べば、法定労働時間を超えて働かせることができる。

有識者検討会

一億プランが閣議決定された時、すでに「同一労働同一賃金」の議論は動き出していた。安倍が二月の国民会議で「早期にガイドラインを制定する」と述べてから一か月後の三月二三日、「同一労働同一賃金の実現に向けた検討会」が最初の会合を開いた。

メンバーには、水町のほか、ドイツや英国の労働法に詳しい大学教授や、企業労務に詳しい民間シンクタンクの研究者らが選出された。とりまとめ役の座長には、塩崎恭久・厚生労働相とのつながりが深い経済学者の柳川範之・東京大学大学院教授が就いた。

開催要項には「ガイドラインの策定、必要な法的見直し等に向けた考え方の整理」と明記された。検討会は、厚労省と内閣官房の共管だった。

初回の会合には、塩崎と加藤勝信・一億総活躍相の両大臣が出席し、それぞれが挨拶。内閣官房で一億総活躍推進室のしきり役となっていた新原、厚労省からは事務次官級の岡崎淳一・厚生労働審議官が出席した。新原は「ガイドラインの位置づけ」について雄弁に説明している。

検討会は、七月までに七回開催され、各メンバーが意見を主張して議論を交わしたり、経団連や連合といった労使双方の団体からのヒアリングなどが行われた。

議論が進んでいるかに見えたが、検討会のメンバーたちは、新原がいつの間にか姿を見せなくなったことが少し気になっていた。

夏の参院選は自民党の大勝で終わった。働き方改革担当相は、八月三日に発足した第三次安倍第二次改造内閣で新設されたポスト。一億総活躍担当相だった加藤が兼任することになった。

このころ、首相官邸に新たな会議体ができるという情報が霞が関に出回った。「働き方改革」がテーマで、首相が議長を務めるという。一億総活躍国民会議の「働き方改革」バージョンであることは明確だった。

同一労働同一賃金の議論を進めてきた岡崎は、官邸に新たな会議ができると聞いて、「あれっ」と思った。脳裏には「官邸主導」という言葉が浮かんだ。

その後の展開は岡崎の予想どおりだった。「同一労働同一賃金」有識者検討会はこの後、中断を余儀なくされ、後に混乱を生むことになる。

働き方改革実現会議

東京・永田町の合同庁舎八号館二階にある「一億総活躍推進室」の入り口に、二枚目となる「働き方改革実現推進室」の看板がかかったのは、二〇一六年九月二日朝だった。一億総活躍の時と同じように、安倍と加藤が報道陣の前で写真撮影に応じた。

具体的な政策を議論する場として官邸に設置されることになったのが「働き方改革実現会議」である。働き方改革実現推進室は、実現会議を取り仕切る事務局だ。事実上のトップは、一億推進室の新原が兼任することになり、一億総活躍国民会議を取り仕切った「加藤―新原」ラインが続いた。

看板掛けから二週間後の九月一六日、現役閣僚と有識者計二四人の実現会議のメンバーが公表された。議長は、安倍晋三・首相。議長代理は、加藤勝信・働き方改革担当相と塩崎恭久・厚労相の二人。このほか閣僚は、麻生太郎・財務相や菅義偉・官房長官ら計九人。

一億総活躍国民会議に引き続き、経済界からは、榊原・経団連会長と、三村明夫・日商会頭が入った。学識経験者としては、水町のほか、労働政策審議会会長でもある樋口美雄・慶應義塾大学商学部教授、岩村正彦・東京大学大学院法学政治学研究科教授。女優の生稲晃子も加わっている。

一億総活躍国民会議との最も大きな違いは、神津里季生・連合会長がメンバー入りしたことだった。

連合がメンバーに

神津が連合会長になったのは二〇一五年秋。事務局長からの昇格で、後任の事務局長には逢見直人が就いた。

二〇一二年末に、民主党政権から自民党政権に交代した後、連合は安倍政権に冷遇され続けてきた。かつての自民党政権時代に定期的に行われてきた、首相と連合会長による「政労会見」は一度も開かれず、官邸が主導する有識者会議からは外され続けた。それが、「働き方」という連合の〝存在理由〟のようなテーマを扱う会議に、ようやく選ばれた。

神津は、東大教養学部から新日本製鉄（現日本製鉄）に入社。五年で労働組合の専従になった後、バンコクの在タイ日本大使館勤務や新日鉄労連会長、基幹労連委員長などを務めていた。自動車や電機などの金属労協のほか、旧総評系の組合からの支持も厚かった。

神津の下で、連合の方針を決める実務の責任者だったのが、事務局長の逢見だ。逢見は一橋大社会学部を出て、ゼンセン同盟（現ＵＡゼンセン）の専従職員として採用された。労働法制や政策に明るく、政府の審議会のメンバーに加わった経験も豊富だ。連合副事務局長やＵＡゼンセン会長を歴任してきた。安全保障での考え方が近い自民党政権にもパイプを持つともみられていた。

神津と逢見はいずれも、早くから「会長候補」と目されてきた。

神津と逢見は、実現会議に入るかどうか、話し合ったという。「外野席でいくら叫んでも影響力がない。特に労働問題を扱うときに、日本最大のナショナルセンターが入らないことはない」と逢見はいう。経済界が複数入るのだから、労働側も複数いないとバランスがとれないと主張したが、「労使の意見は同等に扱う」というのが政府側の説明だった。

厚生労働省が主導する労働立法は通常、労働政策審議会で議論される。

労政審は、国際労働機関（ＩＬＯ）の原則である、三者構成をとっている。メンバーは学識者などの公益委員のほかに、労働者の利益を代表する労働者側委員、企業の立場を代表する使用者側委員。いずれも同数選ばれる。

労働者側委員は、最大のナショナルセンター（労働組合の中央組織）である連合が推薦することになっており、連合本体のほか傘下の産業別組織の幹部が就任する。使用者側委員には、経団連、日本商工会議所、中小企業団体中央会の幹部や、企業経営者、人事担当者が就く。

大がかりな労働立法の場合、労政審で議論を始める前に、その分野に詳しい有識者で構成する研究会をもうけ、研究会の報告書という形で基本的な方向性をかためる。有識者研究会では関係者のヒアリングが行われるのが一般的で、労使の代表もその場で意見を表明する。最終的にまとめられた報告書は、立法の大まかな方向性を示している場合もあれば、両論併記にとどまる場合もあるが、労政審の議論の土台となる。

厚労省の労働部門官僚の腕の見せどころは、労使間の対立をいかに調整するか。労使双方の顔を立てつつ、互いの主張を飲ませながら、労政審を回していく。労使の意見を取り入れるため、現場の実情に沿った政策になるが、逆に思い切った政策転換がしにくい面もある。

もちろん、労政審といえども、政権の意向を無視することはできない。特に、労使が対立し、一致点を見出すことが難しいテーマの場合には、政権の意向が強く反映する。それは自民党政権だけでなく、民主党政権でも同様だ。

ただ、労政審で労使が激しく対立した案件は、その後の国会審議のハードルが上がる。代表的な例が、二〇一五年に政府が国会に提出した労働基準法改正案だ。労働側が猛反対した「高度プロフェッショナル制度」と「裁量労働制の対象拡大」が盛り込まれた法案だったが、提出以来、国会で一度も議論されないまま、たなざらしになっていた。

「働き方改革実現会議」は、官邸に労使双方のトップである経団連会長と連合会長を集め、首相の前で労働政策の方針を決める仕掛けである。連合と経団連のトップは労政審に加わる労使の代表だから、実現会議で合意した内容が労政審で覆されることは論理的にありえない。

神津をメンバーに入れたことで、労政審よりも高いレベルで労働政策の方針を決めることができる体制ができた。

官邸主導の会議体で大きな政策方針を決めることは、安倍政権下でしばしば行われた。こうした官邸主導の政策決定について、逢見はメリットとデメリットがあることを指摘している。メリットは、省庁間をまたぐ問題が一気に調整ができて迅速な意思決定ができること。デメリットは、首相の一言で物事が決まるため、熟議がなくなるという点だ。

逢見は「（政権が）どこまで本気で働き方改革をするのか、よくわからなかったが、労働側が入らないで物事が決まることの方がマイナスだと思った。やはり入れてもらうべきだろう。入るのであれば、そこで連合の主張をしていこうというスタンスだった」と振り返っている。

将軍と呼ばれた男

実現会議を取り仕切ったのが、内閣官房の働き方改革実現推進室の事実上のトップとなった新原である。

実現推進室のスタッフは、常駐、非常駐合わせて約四〇人体制。このうち厚生労働省が一五人ほどを占めたが、経済産業省、文部科学省、内閣府、法務省、財務省、総務省と霞が関の様々な省庁が人を出した。

新原は、実現室の職員に恐れられていた。有無を言わせない部下への命令と厳しい叱責は日常茶飯事。新原に意見を言おうものなら、「ボロカスにおとしめられる」（経験者）。すべての情報が新原に集まり、そのほかのメンバーには一部の情報しか伝えられないという、「分断統治」が敷かれた。

こうした状況で働くメンバーの一人が、あるとき「新原さんに従わないと銃殺されますから」と周囲に漏らすと、「笑えない話」として霞が関に瞬く間に広がった。

新原は次第にこう呼ばれるようになった。

「将軍」

当時、多くの官僚が新原のことを「将軍」と呼び、取材でも「将軍」と言えば通じた。「新原さんがいないとき、新原さんのことを『将軍』というのは自然になっていた」（実現室スタッフ）という。

新原は、東京大学経済学部卒。一九八四年、旧通商産業省（現経済産業省）入省。途中、米国ミシガン大学大学院への留学をへて、情報経済課長や紙業生活文化用品課長などを歴任。二〇〇三年には、『日本の優秀企業研究』（日本経済新聞社）を出版している。同書によると、専門分野は「組織の経済学、企業論」。二〇〇六年、米国ハーバード大学経済学部客員研究員を一年した後、産業組織課長などを務め、二〇一〇年には、民主党の菅直人首相の首相秘書官。ただこれは、七か月という短期間で交代となっている。

その後、資源エネルギー庁省エネルギー・新エネルギー部長時代に、「再生可能エネルギー固定価格買い取り制度」（FIT）を手がける。この制度はその後、買い取り価格などを巡って業者を混乱に巻き込んだ。

新原はその後、厚生労働省に出向し、健康医療戦略と職業能力開発を担当する大臣官房審議官に就任。経産省内では「もう経産省には戻ってこない」と思われた。

二〇一四年には内閣府に移り、経済財政の審議官などを務め、局長級の政策統括官に昇進。内閣官房の一億総活躍推進室次長の兼任となり、二〇一六年九月に働き方改革実現推進室長代行補の兼任もついた。

新原と仕事をした官僚や有識者、政治家らの「新原評」は真二つに分かれる。

「あんなパワハラ体質の人物が、働き方改革を担当していること自体が、ブラックジョーク」（実現室スタッフ）「全ての行動原理は、自分のポイントが稼げるかどうか。他人を自分のポイント稼ぎのための『駒』としかみていない」（経産省官僚）など、多くは新原の強引な手法を批判する。

反対に「官僚では珍しく、自分の意見を主張する。議論をしたいと思わせるタイプ」（経済学者）「あの交渉力なくして経済界との話はまとめられなかった」（厚労省官僚）などの評価もある。

恩讐が入り交じったこんな声もあった。

「たしかに厳しく叱責されるのだが、時折、ねぎらいの言葉をかけられる。そういう『人心掌握術』にも実はたけている」

働き方改革実現会議は毎回約一時間。メンバーの発言時間は事前に約二分と決められ、発言も事前に用意した内容を読み上げるケースが多い。メンバー同士のやりとりや議論は皆無。安倍ら居並ぶ閣僚を前に、各メンバーは自分の発言時間以外は黙って、他人の発言を聞くだけだった。さらに、会議当日の席順も「新原が決めていた」（経済省庁の官僚）。

政府が開くこうした会議を官僚が事前に調整するのは、霞が関の常識ではある。しかし、メンバー同士の議論も封じて、あらゆることを事前に決める新原の手法は際立っていた。次第に実現会議は「御前会議」と揶揄されるようになった。

報道対応も新原が仕切った。会議の前や事後に毎回開かれる記者向けのブリーフィングは、基本的に新原が一人で行った。記者ブリーフィングには、実現会議に関わる各省庁の官僚がずらりと出席しているが、新原が自分以外の官僚に発言させることはめったになかった。

会議後には毎回、働き方改革担当相である加藤も記者会見を開くが、内容は手元の資料を読み上げるだけ。その後に新原のブリーフィングがあるため、記者も加藤にはほとんど質問をしない。

ある官僚は、実現会議の状況をこう皮肉った。

「新原による、新原のための、新原絶賛劇場」

安倍首相は「ニュータイプ」

新原の執務室は、首相官邸の向かいに建つ合同庁舎八号館新館一二階にある内閣府政策統括官室だった。

二〇一七年五月、千葉と澤路は、ここで新原に話を聞いた。

新原の部屋は、書類や新聞、書籍、ファイルで、散らかり放題だった。応接用とみられるソファセットは書類で埋まり、一〇人ほどが座れそうな長机では積み重なったファイルが雪崩を起こしていた。

取材が始まりしばらくして、新原は「僕は一応、行政で調整のために切った張ったやってますけど、半分は学者でもあるんですね」「企業経済については相当なエクスパティーズ(専門知識)がある」といって、机に置いてあった写真を見せた。満面笑顔の新原と外国人男性のツーショット写真だった。

「この人(外国人男性)は、オリバー・ハートっていう人なんですけど、ノーベル経済学賞を受賞した企業経済の専門家」。さらにもう一枚、満面笑顔の新原と外国人男性ツーショット写真をもってきて、「この人の上にいる人がホルムストローム。これもノーベル経済学賞を受賞した」とたたみかけた。

さらにその後、安倍についての論評も披露した。

「総理は、僕の知っている経営者で言うと、『ニュータイプ』だと思う。ビジョンをはっきり言う人なんですよ、(世の中では)はっきり理解されていないんだけど。昔ながらの経営者って、下から上がってきたものをみて『はい、はい、みんな頑張ってね』とか言って酒でも飲ませながら、という手法だった。一方、最近の経営者は『この方向でやってくれ』とビジョンをはっきりと示して、下にうまく発注する。これが良い経営者。安倍さんは明らかに後者のタイプ。みなさんが思っているより、考え方をはっきり言うんですよ」

安倍を「彼」と呼び、「彼のエクスパティーズ(専門知識)というのは、豊富な人脈なんです」とも解説。

こんな調子で安倍との近さを強調した。

「働き方改革」に向けて二〇一四年秋に官邸に呼ばれた当時の肩書を確認するため、新原に「何の担当として呼ばれたんですか」と質問した。新原は「そういうところが、みなさん(報道機関)の、『あれ』なところなんですよ」と答えた。「あれ」とは「古い」という意味だ。

新原は「何とかの部署の担当だからこの人を呼ぶというのは、昔の日本の制度にはあるけど、(今は)そうではないのよ」と大声で説明。官邸に呼ばれたことが当時の担当とは関係なかったと言うために、「全く関係ないですよ。全く関係ない、全く関係ない、全く関係ない」と否定を四回繰りかえした。その上で、「あいつ(新原)だったら、どれくらいできるのか、ということは、みんな分かっているんですよ」と述べた。当時の肩書とは関係なく、官邸の「指名」だったというわけだ。

「ウラ会」

働き方改革実現会議がスタートする二か月ほど前の二〇一六年七月一二日、東京・丸の内の「丸の内パークビル」にある森・濱田松本法律事務所の一室で、「自主的な勉強会」と称する会合が開かれた。集まったのは、厚生労働省や内閣官房の官僚や労働法学者ら。そこに新原の姿もあった。

参加者の大半は、厚労省と内閣官房が進める「同一労働同一賃金の実現に向けた検討会」に関係するメンバー。四月以降、数回にわたって開かれていた「自主的な勉強会」だが、呼ばれているのは、検討会メンバーの一部に限られていた。しかも、「自主的な勉強会」が開かれていることは、最後まで検討会には伝えられなかった。こうして参加者の間では「ウラ会」と呼ばれるようになった。

「ウラ会」のミッションは、フランス、ドイツ、イギリスを中心とした欧州諸国の裁判例の分析だった。

「同一労働同一賃金」を実現するための方策が「ガイドライン」である。「ガイドライン」は、どのような待遇格差が合理的で不合理かを具体的に示すことが目的だ。

では、どうやって具体例を示せば良いのか。参考にすべきは欧州の裁判例である、というのが、水町の考えだった。「不合理な待遇格差の禁止」というルールが浸透している欧州諸国では、企業が賃金や待遇に差をつけている場合、差をつけた理由を企業が労働者に説明する必要がある。労働者が、企業の説明に納得しないと、最後は裁判に訴えて、裁判所が判断をする。こうして欧州諸国には、どういった待遇差が合理的か、あるいは不合理か、についての裁判例が積み重なっている、とみられていた。欧州の裁判例を吟味してゆけば、「どういった待遇差が合理的なのか」の具体例を示す「ガイドライン」を作る上で、大いに参考になるだろう、というのが当初の構想だった。

ただ、裁判例の分析を「ウラ会」を開いてこそこそやる必要はない。当時、すでに政府が正式に立ち上げていた「同一労働同一賃金の実現に向けた検討会」が公表する開催要綱にも、「検討事項」の一つとして「ＥＵ諸国における制度の現状と運用状況（裁判例等）」と明記されている。

にもかかわらず、「ウラ会」で作業を進めることを決めたのは、新原だった。

欧州の労働裁判例の分析には、判決文の正確な翻訳が必要だ。日本でそれができるのは、国際的なネットワークを持つ大手法律事務所しかない、と考えた新原は、森・濱田松本法律事務所に、翻訳の業務を委託することを決めた。

業務の委託には費用がかかるが、新原は、古巣の経産省に掛け合い、「産業経済研究委託事業」として予算を獲得したとみられる。森・濱田松本法律事務所は、経産省が公募した、欧州の労働裁判の事例を研究する事業を約一〇〇〇万円で受注している。

「ウラ会」は、同事務所が翻訳した判例について、労働法学者がコメントや意見を出し合い分析を深め、ガイドラインの作成に向けた作業を進めていくのが趣旨だった。

しかし、「ウラ会」の出席メンバーの中に、同事務所に所属する高谷知佐子・弁護士がいた。高谷は、正社員と同じ仕事をしているのにボーナスや手当に不合理な差があるのは違法だとして日本郵便の非正社員が同社を相手取り、待遇改善を求めて起こした裁判で、日本郵便側の代理人を務めている。

ガイドラインは、「非正社員と正社員の間のボーナスや手当の差が、合理的か不合理的か」を政府が示すものである。そうである以上、ガイドラインの内容は、裁判の行方に影響を与えかねない。当事者が参加していれば、ガイドラインの中立性に疑問を抱かれるかもしれない。

厚労省側には「紛争当事者の弁護士なんて、普通はありえない」という懸念もあった。だが、「将軍」にそんな懸念を伝えようものなら、「改革の足を引っ張ることは言うな」と一喝されて終わりである。そんな恐れもあり、新原に厚労省の懸念が伝わることはなかったようだ。

「ウラ会」は何のためだったのか。後日、新原に取材で質したが、新原は「外国語の判決文を正確に翻訳できる法律事務所は、日本には数えるほどしかない。その一つが、森・濱田松本法律事務所だったから、委託した。事務所にお願いしたのは『判例調査』だけ。何ら問題はない」との認識を示した。

しかし、森・濱田松本法律事務所の調査がガイドライン作成と関係があり、日本郵便の代理人弁護士である高谷が「勉強会」に出席したことを、政府が公に説明したことはない。

ガイドライン「たたき台」

「ガイドライン」は、必ずしも裁判官の判断を拘束するわけではないが、リスクを回避しようとする企業への影響は計り知れない。ところが、その作成プロセスは公になっていな

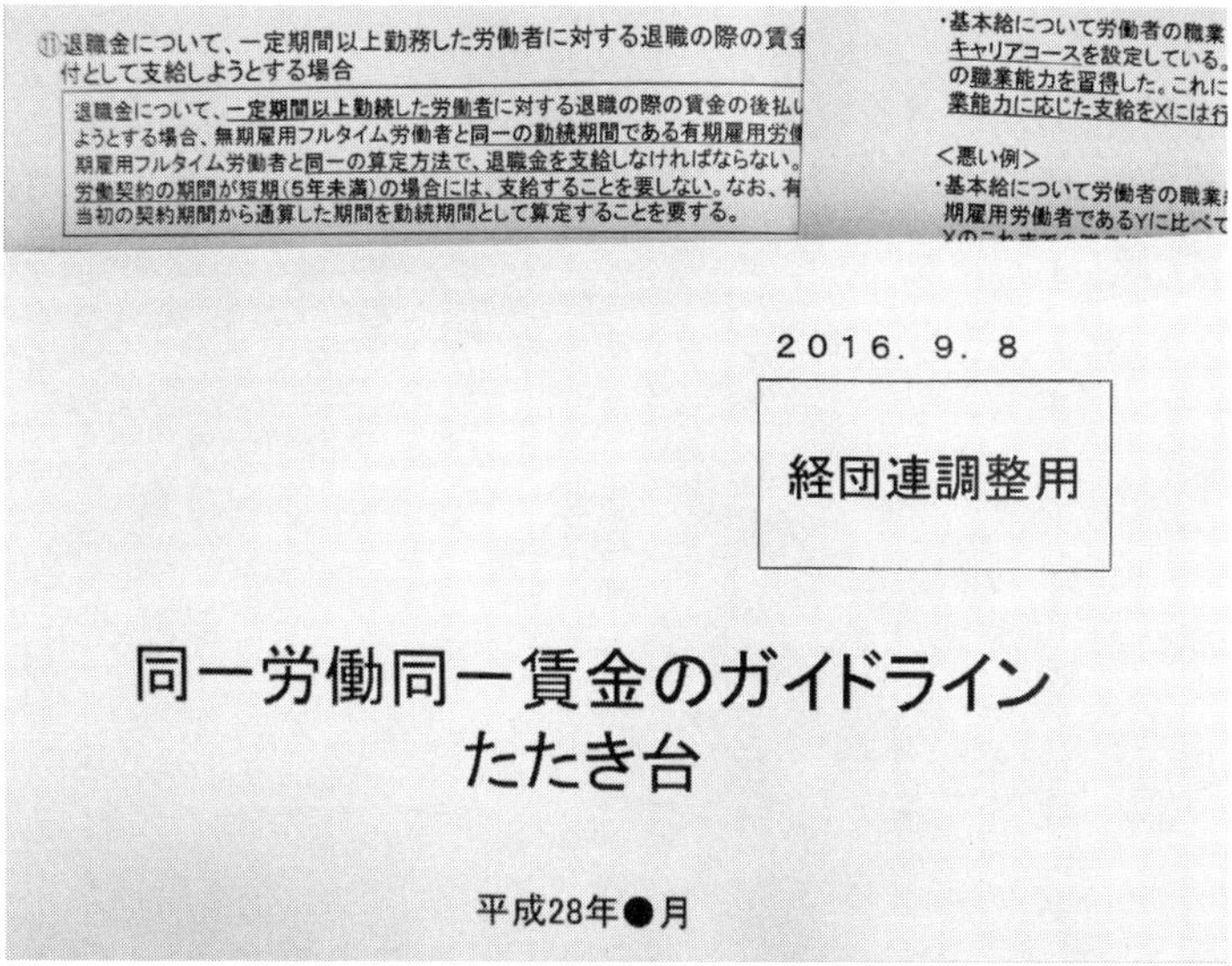
⑪退職金について、一定期間以上勤務した労働者に対する退職の際の賃金
付として支給しようとする場合
退職金について、一定期間以上勤続した労働者に対する退職の際の賃金の後払い
ようとする場合、無期雇用フルタイム労働者と同一の勤続期間である有期雇用労働
期雇用フルタイム労働者と同一の算定方法で、退職金を支給しなければならない。
労働契約の期間が短期（5年未満）の場合には、支給することを要しない。なお、有
当初の契約期間から通算した期間を勤続期間として算定することを要する。
・基本給について労働者の職業
キャリアコースを設定している。
の職業能力を習得した。これに
業能力に応じた支給をXには行
<悪い例>
・基本給について労働者の職業
期雇用労働者であるYに比べて
2016. 9. 8
経団連調整用
同一労働同一賃金のガイドライン
たたき台
平成28年●月

い。

不透明な作成過程の一端を明らかにする資料を入手したのは、朝日新聞労働チームで厚労省を担当していた河合達郎だった。

二〇一六年秋、河合が入手したのは、内閣官房の働き方改革実現推進室が作成した「同一労働同一賃金のガイドライン　たたき台　平成二八年●月」と表紙に書かれた計一一ページの資料だ。

日付は「二〇一六年九月八日」。働き方改革実現推進室が設置されたわずか六日後、首相官邸で働き方改革実現会議の初会合が開かれる三週間前だ。表紙には「経団連調整用」の文字も記されていた。

関係者によると、「ガイドライン」の原案づくりは、この年の夏ごろから始まっていた。働き方改革実現推進室の新原の部下で経産省出身

の河西康之・参事官が下書きを作って関係者と調整し、それに新原が手を加える、という流れだったという。「たたき台」には複数のバージョンがあり、この段階でかなりの検討が進んでいた。

九月八日時点の「たたき台」の内容を以下、やや詳しく紹介したい。

なお、たたき台では、完成版と同じように、「無期雇用フルタイム労働者」と「有期雇用労働者又はパートタイム労働者」を比較しているが、ここでは、それぞれ「正社員」「非正社員」と簡略化する。

大きな特徴は、基本給や手当、福利厚生を、項目ごとに分類し、「待遇ごとの性質・目的に照らして、待遇差の不合理性を判断する」という考え方を明確化したことだ。

①基本給、②手当、③福利厚生、④その他、に大きく分類され、さらに、「格差」が「合理的かどうか」の判断は、各手当、各福利厚生ごとに判断する。そして、「良い例」と「悪い例」が並ぶ。

こうした形式は一二月二〇日に示される「ガイドライン案」完成版と同じだ。

基本給は、①職業経験・能力に応じて支給しようとする場合、②業績・成果に応じて支給しようとする場合、③勤続年数に応じて支給しようとする場合、④(昇給について)勤続による職業能力の向上に応じて行おうとする場合、の四つに分類され、それぞれに、概説がついている。

例えば、「職業経験・能力」の説明は、こんな記述だ。

「基本給について、**労働者の職業経験・能力**に応じて支給しようとする場合、正社員と同一の**職業経験・能力**を蓄積している非正社員には、**職業経験・能力**に応じた部分につき、同一の支給をしなければならない。**職業経験・能力**に違いがある場合は、その相違に応じた支給をしなければならない」（太字は筆者）

ここは「完成版」とほぼ同じ表現だ。違いは、項目ごとに示される「良い例」「悪い例」の数。「たたき台」はそれぞれ多くても一〜二例しかない。

最大のポイントは、「非正社員と正社員が同じ賃金体系である」ということが前提となっている点だ。

基本給が賃金に占める割合は大きいが、非正社員と正社員の賃金体系を同じにしている企業は少ない。そうすると、基本給に対する「同一労働同一賃金」の影響はそれほど大きくはないことになる。

経団連は「これなら、飲んでもいい」との判断に傾いた、と関係者は指摘する。

消えた手当

手当も「たたき台」と「完成版」で共通する項目が多い。「賞与」「役職手当」「時間外労働手当」「深夜・休日労働手当」「通勤手当・出張旅費」など一一項目が「完成版」にも記載されている。

しかし、「たたき台」から消えた項目が二つある。「退職金」と「企業年金」だ。

退職金は、こんな説明がついていた。

「一定期間以上勤務した労働者に対する退職の際の賃金後払い、または、功労報償的な給付として支給しようとする場合、正社員と同一の勤続期間である非正社員には、正社員と同一の算定方法で退職金を支給しなければならない」

企業年金は、こうだ。

「一定期間以上(五年以上)勤務した非正社員には、正社員と同一の条件(勤続期間等)で、企業年金の加入を認めなければならない」

ほかにも、「家族手当」や「住宅手当」が「たたき台」以前に検討されていたが、経団連との交渉に入る前の段階で削除されていた。

さらに「たたき台」と「完成版」の大きな違いが「注」にある。

「注」は、待遇に差をつける場合に、「主観的・抽象的な説明では足りない」と指摘する注意書きだ。完成版では八行ほどの説明だが、日本企業の多くで漫然と行われていた「非正社員なのだから、正社員と賃金が違う」といったあいまいな理由で待遇に差をつけることを明確に禁じている。

この「注」の表現が、「たたき台」と「完成版」では違う。

「たたき台」ではこうだった。

「正社員と非正社員の間に賃金差がある場合、その要因として正社員と非正社員の賃金体系に違いがある時は、賃金体系の違いについて、職務内容、職務内容・配置の変更範囲、その他の事情の実態に照らした**合理性が求められ**『正社員と非正社員は将来の役割期待が異なるため、賃金体系が異なる』では足りない」（太字は筆者）

完成版は、こうなっている。

「正社員と非正社員の間に（中略）賃金に差がある場合、その要因として正社員と非正社員の賃金の決定基準・ルールの違いがある時は、『正社員と非正社員は将来の役割期待が異なるため、賃金の決定基準・ルールが異なる』という主観的・抽象的説明では足りず、賃金の決定基準・ルールの違いについて、職務内容、職務内容・配置の変更範囲、その他の事情の客観的・具体的な実態に照らして**不合理なものであってはならない**」（太字は筆者）

つまり、「合理性が求められる」から「不合理なものであってはならない」に表現が変わった。たいした違いはないように思えるが、実際に裁判で争う当事者にとっては大きな違いがある。

裁判では、労働者側は待遇格差の不合理性を主張し、経営者側は合理性を主張することになる。「法律が合理性までは立証することを求めていない」とすると、そうでない場合に比べて経営者側が立証する負担は軽くなる。「合理性まで求めているか」という点は、経営側が最も神経質になる点だった。

労働契約法二〇条は、正社員と有期労働契約の非正社員の待遇格差について、「不合理なものであってはならない」と書いている。この条文について、企業実務や裁判に影響が大きい菅野和夫・東京大学名誉教授らの解釈は、「合理性までは求めていない」という立場をとっている。

もし、ガイドラインに「合理性が求められる」と書かれていれば、実務や裁判への影響は大きく、法律の書き方にも影響したかもしれない。しかし、完成版では「不合理なものであってはならない」になった。

「ガイドライン案」の完成版は一二月二〇日に開催した働き方改革実現会議でいきなり公表された。誰が考え、誰が書いたのか。記者ブリーフィングでも新原は説明しなかった。

板挟みの厚労省

一二月一三日午前、霞が関にある経済産業省別館一一階の各省庁共用会議室。「同一労働同一賃金の実現に向けた検討会」の一〇回目の会合が、非公開で行われていた。廊下には報道各社が詰めかけていた。会議後に事務局の説明を受けるためだ。

「理屈になっていない」
「これまで聞いてきたことと違う」

この日は、会議室の外にまでメンバーの大声が漏れ出て来た。激しいやりとりが交わされていることが、廊下で待つ報道陣にも伝わった。

一月に安倍が「同一労働同一賃金の実現に踏み込む」と宣言した後、政府肝いりで三月に発足したのが、この検討会だった。しかし、実現会議がスタートすることが決まった夏以降、開催されたのは一度だけ。検討会の開催予定が決まっては延期になることが繰り返されていた。

実現会議を立ち上げた安倍政権は、「ガイドライン」の策定作業を、内閣官房主導で進めていた。このため、ガイドライン策定作業を担うと思われていたこの検討会の存在意義が、宙に浮いた状態になってしまったのである。

検討会の事務局である厚労省は、検討会に「ガイドライン策定」に関連する中間報告書をまとめるよう求めていた。実現会議の日程では、「ガイドライン」が一二月末にも公表される流れができていたためだ。

この日の検討会に先立つ一一月、新原は記者ブリーフィングで「ガイドラインは現行法ではなく、改正法に基づく」と発言した。

この発言に検討会のメンバーは大きな違和感を抱いたという。「ガイドライン」は行政が示す指針である以上、その根拠は法律の条文である。その根拠となる法律が議論もされていない段階で、将来できるであろう「改正法」を元にしたガイドラインが公表されてしまうのは順番が逆ではないか。

検討会が立ち上がった三月の時点で、そんな説明は全くなかった。さらに、この時点で、政府が作っている「ガイドライン」がどういうものなのか、検討会のメンバーには何も知らされていない。

そんな状況で、「ガイドライン」に関する報告書を作れ、と要求されたのである。

この日の検討会の議事録には、こんなやりとりがある。

柳川座長　本来は法律改正をしてからガイドラインをつくるべきなのですね。そういう理解でよいか。

岡崎厚生労働審議官　そうです。先にガイドライン案を示すのはおかしいのではないかということは、確かにそうなのですが、そこは正直言って現行このままでは進まない。順番が逆だと言われれば、一般的やり方ではないが、ある程度共通認識を持った上で、法律に基づく指針を理解してもらう。ちょっと理屈ではない部分もある。

神吉知郁子・立教大学准教授　現行法があって、その解釈がわかりにくくて曖昧なので具体例を例示した。だけれども、法的根拠がないから困ると言われて、そのガイドラインをもとに新しい法律をつくるということは、理屈になっていませんね。

行政の方が先に（ガイドラインを）作って、それを立法で縛るのは、いかにも筋がおかしい。

他にも委員から異論が続出し、柳川はこう発言した。

「皆さまから、いろいろなかなり厳しい御意見があった。私もかなりそのとおりだと思う。もともとは、民事法規の中で行政解釈的なものとしてどういうものができるかを考えるということでスタートをしたと思う。検討会のメンバーの方も検討されてきた。それが土壇場になって、そういう話ではないのだ、実は法律を改正した後に適用されるものとして出すのだ、ということであれば、検討会のメンバーは、そういう趣旨で検討したものではないとなってしまう。

検討会として、一体どういう文言として報告書を出すのかは、はっきり言ってかなり無茶な要求だと思う。我々は、明らかにちゃぶ台をひっくり返されたので、ちゃぶ台をひっくり返されておいて出せということは、かなり本当は難しい話なのだろうと思う。」

政府から検討を求められて議論してきた有識者の代表が「ちゃぶ台返しだ」と怒る。異例の事態だった。

その気持ちは、厚労省の官僚も分かっていた。事務局の責任者だった派遣・有期労働対策部の岸本武史・企画課長は当時、こんな心境を吐露していた。

「正直に言うと、実現会議ができること自体、想定していなかった。この検討会と実

「現会議をどう両立させるかは、本当に七転八倒の苦しみだった」

岸本ら厚労省が危惧していたのは、新原ら内閣官房主導で「ガイドライン」の策定作業が進む中で、経団連の意向がすでに「ガイドライン」に反映され始めていることだった。有識者で作る検討会は、そうした当事者の利害関係とは無関係に、「あるべき論」を打ち立てることがミッションだ。検討会には、新原らがガイドラインの作成作業を進めていることを知らない委員すらいた。厚労省は有識者との板挟みになっていた。

学者たちの反乱

霞が関の省庁が開く有識者検討会の多くは、報告書の「原案」を事務局である官僚が作る。検討会の議論を踏まえた内容であることが前提だが、「原案」には、政府や省庁側が望む「方向性」をにじませる。原案づくりの根回しは綿密で、「原案」は微修正される程度で了承されて、検討会の「報告書」となる。

「同一労働同一賃金の実現に向けた検討会」の事務局である派遣・有期労働対策部企画課

も報告書の「原案」を作った。

岸本は、塩崎恭久・厚労相のもとに「原案」を持って行った。すると、塩崎は、岸本に激しい言葉を投げつけて、原案を即座に却下。「報告書は、有識者でまとめてもらえ」という趣旨の指示を出した。

検討会の柳川座長は、塩崎が肝いりで開催した「働き方の未来二〇三五」で事務局長を務めた経験があり、この検討会の報告書は、官僚の手を入れずに、有識者だけの手でまとめ公表した経緯がある。塩崎はこの時の報告書を高く評価。柳川が座長を務めた今回の検討会も、「二〇三五方式」を踏襲し、官僚の手を加えずに委員が独自に報告書をまとめるべきだ。塩崎のこうした考え方により、事務局原案は却下となった。当時、このいきさつについて、厚労省担当者は、こんな認識をもっていた。

しかし、塩崎が岸本らの原案を却下した背景には、検討会の委員の一部による「反乱」があった。新原を中心とするガイドライン作りは、誰のチェックを受けることなく、水面下で進んでいた。事務局が作った報告書原案は、このガイドラインに「お墨付き」を与えるような内容だった。委員の一部は、そこに猛烈に反発した。

「政府による非常におかしなプロセスに、学者や専門家が作る検討会が『お墨付きを与える』という形で、関与させられている」（関係者）

報告書は、柳川を中心に委員だけの作業で作られることになった。時間が極めて限られていたため、概説は短くし、各委員がそれぞれの意見を併記するという形になった。

こうして「中間報告書」は一二月一六日に公表された。

「ガイドライン作成の意義と基本的考え方を中心に検討した」という位置づけからはじまる報告書には、こんな一文が盛り込まれた。

「ガイドラインの制定・発効にあたっては、適切な検討プロセスを経ることが望ましい」

検討会の報告書が、新原らが作ったガイドライン案とは無関係であることを主張しているかのようだ。

「ガイドライン案」

一二月二〇日、官邸で開かれた第五回働き方改革実現会議で、「ガイドライン案」が公表された。

「案」がついたのは、現行法にはガイドラインを策定する根拠が規定されておらず、ガイドラインが効力を持つのは、策定根拠を規定する将来の改正法の施行時だからだった。改正法が施行されるまでは、正式なガイドラインはない、という意味である。改正法案すらまだ提出されてもいないのに、改正法の解釈とも言える「ガイドライン案」が先に公表された。

公表四日前の一二月一六日、新原による事前の記者ブリーフィングが行われた。報道機関はガイドライン案公表まで報道することができない。いわゆる「しばり付き」のブリーフィングである。

新原は、満を持してガイドライン案の効力をＰＲした。

「均等・均衡待遇を確保する」
「基本給に踏み込む」
「（格差是正の）実効性が上がる」

威勢のよい言葉が並んだ。

報道陣から「企業への影響は少ないのではないか」という質問が出ると、新原は色をなして反論した。

「このガイドラインを、御社の労務担当者に見せたら、厳しくて『ギャー』と言いますよ」

とまくしたてた。

新原は、自らが担当した経団連との交渉についてこう述べた

「役人としては、ここまでやるか、というくらいの交渉をしました」

「ガイドライン案」の構成は、九月にできあがっていた「たたき台」とほぼ同じだったが、「良い例」「悪い例」と記載していた具体例は「問題とならない例」「問題となる例」と少し変わった。

「問題とならない例」は、非正社員と正社員の間につけた待遇差が明確に合法である具体例。一方で「問題となる例」は違法である具体例。新原は、「問題とならない例」は「白」、「問題となる例」は「黒」とした上で、「白と黒の間には、グレーゾーンが広がっている。ここは、今後、司法によって埋められていく領域。しかし、白か黒かも分からなかったこれまでの状況からすれば、実効性は格段にあがる」と説明した。

こうした新原の説明を聞いたある官僚は、「お化粧がうまい人だ」と皮肉った。

新原のいう「グレーゾーン」は広いが、「これまでに比べれば、実効性が上がる」という言葉で表現した。実態よりも大きく見せようとするこうした説明が、「新原流」のお化粧

というわけだ。

朝日新聞は一二月一六日付朝刊一面で、ガイドライン案の中身を「非正社員にも賞与を」という見出しで独自に報道した。手当の中でも特に影響が大きい賞与に着目。業績への貢献に応じて賞与を支払う場合、「正社員に支払って非正社員に支払わない」のを「悪い例」としていることを挙げ、非正社員に対して「寸志」のように一定の低額を支給する方法は今後認められない可能性がある、とガイドライン案の影響の大きさを指摘した。

ガイドライン案公表の翌日一二月二一日付朝刊では、ガイドライン案について三面と経済面の二面展開でより手厚く報じた。三面の本記では、ガイドライン案の概要を改めて説明した上で、「職務分離」が広がり「かえって格差が固定化する」という懸念を押さえた。

経済面では、非正社員の待遇改善に伴う負担増を懸念する企業の声を紹介。また、実現会議メンバーでもある日商の三村明夫会頭が会議後に記者団に以下のように語ったことも伝えた。

「（具体例として）指針案に示された項目が全体をカバーするにはあまりに少ない」
「（企業と働き手の間で訴訟が相次げば）中小企業にとってはたいへんな重荷になる」

一方で、労務に詳しい日本総研の山田久・チーフエコノミストと、日本労働弁護団幹事長の棗一郎・弁護士のコメントを掲載。山田は、ガイドライン案を「同一労働同一賃金に向けた取り組みの第一歩」と評価。その上で「将来的には、基本給について同一労働同一賃金の考え方を明確化する必要がある」と課題も押さえた。

棗は、安倍政権の労働政策に批判的なスタンスを取っているが、この時は「同一労働同一賃金の原則的な考え方が示されている」と一定の評価をみせている。その上で、立証責任の問題に言及し、「待遇差の程度や理由を説明する責任が使用者にあると明確にしていないのは欠陥」と指摘した。

他の大手紙の記事も、評価と懸念の両面を伝えていた。

恫喝電話

二一日朝、千葉のスマートフォンが鳴った。出ると、新原の怒声が聞こえてきた。

「今日の御社の記事はあんまりだ。かなりバイアスがかかっている。あれだけ説明したのにこういう記事を書くなら、もう御社にはご説明はしない。この携帯で電話するのもこれが最後。この番号は、あなたの連絡先から消去してください。この電話には、もうかけないでください」

千葉は「バイアスがかかっているのは、具体的に記事のどの部分ですか」と聞いた。新原は「全体的にですよ」とだけ言い、こちらの質問には明確に答えないまま、まくし立てた。

「どういうトーンで記事を書くかは、報道の自由なので何も言わない。でも、あれだけ説明したのに、こういう記事になるなら、私と千葉さんの個人的な関係ですけど、私はあなたには説明しません。これからは、他の件についても、一切説明しません」

千葉は「こちらからも、記事の内容について説明させて下さい」と言ったが、それに対して新原は、こう言った。

「もう、いい。私は怒っています。官邸からも『あんまりだ』という声が来てますよ。ただでさえ経済界は後ろ向きなのに、話が進まなくなる」

千葉はさらに説明させてくれるよう求めたが、新原は「もう、いい」とだけ言って電話を切った。

官邸の意向をバックにしていた新原は、同時に官邸の評価に神経質にならざるをえない。「官邸からも『あんまりだ』という声が来ている」と新原が話すのを聞いて、千葉は、「追い詰められると、暴発する」という「将軍」の逸話を思い出していた。

塩崎厚労相の一刺し

一二月一六日の事前記者ブリーフィングから二〇日の公表までの間に、ガイドライン案の中で大きく変わった部分がある。

「ガイドライン案」の目的と趣旨を説明する「前文」である。

一六日時点で一五行足らずの分量だった前文は、二〇日の公表時点で、四〇行以上に膨らんだ。この加筆の中心となったのが、塩崎恭久・厚労相だった。

加筆された前文の、ポイントはこの部分だ。

「今後、各企業が職務や能力等の内容の明確化と、それに基づく公正な評価を推進し、それに則った賃金制度を、労使の話し合いにより、可能な限り速やかに構築していくことが、同一労働同一賃金の実現には望ましい」

公表から二日後の一二月二二日の閣議後会見で、塩崎はガイドライン案について聞かれ、こう答えている。

「（ガイドライン案は）どこまでが合理的で、どこからが合理的ではないかという目安をお示ししたということですから、大きな一歩、前進だと私は考えております。しかし、そうは言いながら、現状を踏まえた上で、こういうことを言っているので、**勤続年数で同じだったら同じ賃金を払うというのは、能力を度外視してやるということですから、これは世界の常識からは少し違うことを言っている**ので、そういうことで前文が付けられておりまして、そこには明確に、今後、**各企業が職務や能力等の内容の明確化と、それに基づく公正な評価を推進し、**それに則った**賃金制度を労使の話し合い、これは非正規も含めた労使の話し合いという意味ですが、可能な限り速やかに構築し**ていくことが、**同一労働同一賃金の実現には望ましい**と思っています」（太字は筆者）

「ガイドライン案」の中身を「世界の常識からは少し違うことを言っている」と否定した上で、自らが中心となって書いた前文の重要性を強調している。塩崎による痛烈な「ガイドライン案」批判だった。

「塩崎大臣が、新原を忌み嫌っている」という話は、霞が関で広まっていた。労働政策は厚労相の所管だが、働き方改革は内閣官房の官僚たちが主導し、途中経過に関する情報も上がってこない。

働き方改革実現推進室で、新原とともにツートップの岡崎淳一は、「新原側」とみなされ、塩崎から遠ざけられたという見方をする関係者が多い。岡崎は、厚労省の次期事務次官と目されていたが、翌年に事務次官に就任したのは老健局長の蒲原基道だった。そのタイミングで岡崎は厚労省を退職している。

第2章 首相裁定

榊原定征・経団連会長（写真左）、神津里季生・連合会長（写真右）

残業の上限規制

「同一労働同一賃金」について方向性を固めた働き方改革実現会議のテーマは、時間外労働の罰則付き上限規制に移った。「同一労働同一賃金」以上に、経済界の強い抵抗が予想されていた。

二〇一七年になると、政府の方針に関する報道が過熱する。

日本経済新聞は一月二〇日付の朝刊で「残業　月六〇〜八〇時間上限」との見出しで、二月一日に予定されていた実現会議から議論が始まると報じた。二八日付の朝刊ではさらに踏み込み、政府が「残業上限六〇時間　月平均で規制　繁忙期は一〇〇時間まで」という原案をまとめたという記事を一面に掲載した。

朝日新聞も一月二九日付の朝刊で、「残業上限、月平均六〇時間案　繁忙期は一〇〇時間　政府調整」と報じた。

労働基準法は、一日の労働時間の上限を八時間、週の上限を四〇時間と定めている。この法定労働時間を上回れば、罰則がかかるのが原則だ。しかし、職場の過半数を組織する労働組合か過半数の代表と労使協定を結び、労働基準監督署に届け出れば、法定労働時間を超えて時間外労働をさせても違法にならない。この規定が労基法三六条にあるため、この労使協定のことを一般的に三六（サブロク）協定と呼ぶことが多い。

三六協定には、厚生労働大臣告示による目安がある。一か月なら四五時間、一年なら三六〇時間が目安になっている。ただ、この目安には法的な拘束力はない。大臣告示の水準を超える三六協定を労基署に届けたとしても、ただちに違法となるわけではない。

さらに、業務が忙しいなど「特別の事情」がある場合には、三六協定が定めた時間外労働の上限を超えてもいい。「特別条項」と呼ばれ、年に六回、つまり半年は特別条項を「発動」できる。この特別条項には上限がない。

法的拘束力がない厚生労働大臣告示に加えて、特別条項が認められているため、日本の労働時間規制は事実上、青天井になっていると長く指摘されてきた。

こうした時間外労働に罰則付きの上限規制を設けようという動きは、今回が初めてではなく、労働政策審議会で議論されたことがある。しかし、使用者側の強い反対で見送られてきた。二〇一五年に閣議決定された労働基準法改正案が議論されたときは、連合は年間七五〇時間という具体的な提案を示していた。

二〇一五年当時、労基法を担当する労働基準局長だったのが、働き方改革実現推進室の室長代行補になった岡崎だ。

岡崎は厚労省のナンバー2の厚労審議官で、労働系の事実上トップ。民主党政権時代には官房長を務めた。強い個性で政策を打ち出すよりも、調整能力を問われることが多い「労働系のエース」だ。関係者の間では、「将軍」と呼ばれた新原に対し、岡崎は「社長」と呼ばれていた。

新原から相談を受けた岡崎は、「あの時できなかった上限規制を導入できるチャンスだ」と前向きにとらえていた。

時間外労働の罰則付き上限規制も、一億総活躍国民会議で議論されている。二〇一六年三月二五日の第六回会議で、安倍は、「提出中の労働基準法改正法案に加えて、三六協定における時間外労働規制の在り方について再検討を行う」と指示していた。ただ、検討会設置などを示した「同一労働同一賃金」に比べると具体策は乏しく、新原も法改正の方向性を明確に示さなかった。

六月二日に閣議決定された「ニッポン一億総活躍プラン」には、三月の安倍の指示に加えて、「時間外労働時間について、欧州諸国に遜色のない水準を目指す」と入った。

政府原案

「同一労働同一賃金」に比べると、時間外労働の上限規制の問題構造は単純だ。①罰則付き上限規制をもうけるか、②もうけるなら年単位か月単位か、③上限の水準を何時間にするか、というのが論点だからだ。

水準についていては、すでにあるさまざまな規制の時間数が前提になるとみられていた。一つが三六協定の目安となっている厚生労働大臣告示。月単位なら四五時間だ。労働基準法の原則では、時間外労働が六〇時間を超えると割増率が増える。この規制に合わせて月六〇時間という基準も考えられた。

さらに、もう一つが、長時間労働による脳・心臓疾患が労働災害にあたるかどうかを判断する基準、いわゆる過労死の労災認定基準だ。この認定基準では、病気を発症した直前の法定労働時間を超える時間外（休日労働を含む）が、一か月で一〇〇時間、あるいは、二～六か月平均で八〇時間を超えた場合に、労災に認定されることになっている。

つまり、月単位の上限は、四五、六〇、八〇、一〇〇という数字が有力候補になる。年単位ならこれらの数字の組み合わせが考えられる。実際、二〇一五年の労基法改正論議で連合が示した年間七五〇時間は、「四五時間×六か月＋八〇時間×六か月」という計算で出された数字だ。

経団連の輪島忍・労働法制本部長も「数字は『四五、六〇、八〇、一〇〇』しかない。上限は月一〇〇時間が現実的な選択肢」と考えていた。輪島は「財界労務部」と言われた旧日経連の出身。労働政策審議会の分科会の委員を長く務めており、労働法制に精通している。労働法制の分野で経団連の実務の責任者だ。

一方、連合幹部には「七五〇時間では前と同じ提案。最低でも月六〇時間×一二か月で年七二〇時間」といった声があった。

政府内の原案ができたのは早かった。

二〇一六年九月一三日付で作成された「時間外労働の限度を設ける場合の考え方」という文書がある。実現会議の議論に向けて、政府内の考え方を整理したものだ。

三六協定によっても超えることができない時間外労働の原則は、月四五時間、年三六〇時間。厚生労働大臣告示を義務化するという考え方だった。

そして、例外が二つ。一つが、研究開発職などを規制の適用除外とすること。

もう一つが、「一時的な業務量の増加がやむを得ない特定の場合についての上限時間」だ。

この特定の場合の上限時間は「単月で月一〇〇時間」「二か月の平均で月八〇時間」「一年

七二〇時間（一二か月平均月六〇時間）、となっていた。一〇〇、八〇は過労死の労災認定基準、六〇時間は労働基準法の割増規制を参考にしているとの注記もある。さらに、ドライバーや建設業について施行時期を遅らせる考えも書かれていた。

上限規制の導入に向けた「最大のハードル」（政府関係者）は、反対する経団連の説得だった。新原らは原案を持って説得に乗り出した。

電通事件の衝撃

実現会議がスタートすると、関係者の誰も予想しなかった出来事が起こった。一〇月七日、広告大手、電通の新入社員だった高橋まつりの母、幸美が厚生労働省の記者クラブで会見し、まつりの自殺が長時間労働が原因だったとして労災に認められたことを公表したのだ。

電通では、一九九一年にも入社一年目の男性社員が自殺している。この自殺を巡る民事訴訟で最高裁は二〇〇〇年、電通の責任を認める判決を出した。過労死や過労自殺に関する企業の安全配慮義務を認めた先例となった。その電通で再び過労自殺が起きた。

しかも、まつりがSNSにメッセージを多く残していたことが広がり、その過酷な働きぶりがまつりの生の言葉で伝わった。

この「電通事件」は、世論や政府内の雰囲気を大きく変えることになった。

記者会見から六日後の一三日、官邸では、働き手と安倍との意見交換会があった。こうした意見交換会は実現会議の中で四回開かれている。

この日は転職・中途採用、学び直しやテレワークだったが、冒頭のあいさつで安倍は電通の過労自殺に言及した。

それから政府の動きは速かった。翌一四日には東京労働局の「過重労働撲滅特別対策班(かとく)」などが電通の本支社に立ち入り調査。一一月七日には強制捜査に乗り出した。東京・汐留の本社に労働基準監督官が列をなして乗り込む映像が、ニュースで繰り返し流された。

経団連の輪島は電通事件で「状況が一変した」と感じたという。経団連の外堀は埋められつつあった。

電通事件で過労死の労災認定基準をクリアすることが明確に意識されるようになり、九月の原案よりもハードルは上がった。

関係者は「二〇一六年秋ごろ、経団連との間で上限は『月一〇〇時間』で行くという話になった」と明かす。この時点で政府は「最大のハードル」を越えていた。「繁忙期一〇〇時間」の報道が出始めた二〇一七年一月下旬は、連合との調整が始まっていた時期だ。

「一〇〇時間は到底ありえない」

岡崎と新原から政府原案の説明を受けた連合会長の神津は、「一〇〇時間は長い」と感じた。そして、研究開発などを適用除外することにも抵抗を感じた。この二点を指摘した神津に、岡崎と新原は「経団連とさんざん交渉してきた」と説明したという。「繁忙期一〇〇時間」という報道が続いたことで、「なんだ、これは」と神津の危機感が募った。このままでは過労死を容認するような上限規制が既成事実化してしまう。次の実現会議でどのように発言するか。神津は逢見に「自分にまかせてほしい」と伝えた。

二〇一七年になって初めて開催された二月一日の働き方改革実現会議。長時間労働対策について、メンバーが意見を交わした。

経団連会長の榊原は上限規制の必要性は認めながらも、「緊急事態や繁忙期、あるいは業種によっては一律の規制が適さないケースがある」と企業側の事情を説明した。

一方、神津はこう言い切った。

「上限規制については、一か月一〇〇時間など到底ありえない」

この日の会議では具体的な案は一切示されていない。しかし、すでに報道で政府の考え方は広まっている。「月一〇〇時間まで残業をしてもよい、と世間が思ってしまう。何も発言しないのは不自然だ」。そう考えた神津は、自らの思いを率直に口にした。「到底ありえない」は神津が熟慮した結果の表現だった。

安倍は「長時間労働の是正については、罰則つきで限度が何時間かを具体的に定めた法改正が不可欠。次回はより具体的に議論したい」と述べた。

会議後、官邸エントランスでは、主要なメンバーの囲み取材が行われる。ここでも神津は「一〇〇時間は到底ありえない」と繰り返した。

労使交渉

神津の予想外に強い反発は、実現会議の進め方を大きく修正させることになる。

二月一四日にあった七回目の実現会議で、上限規制のたたき台となる事務局案が示された。事務局案は、月四五時間、年三六〇時間を原則とし、繁忙期の特例を認めた場合でも、年間の上限を「七二〇時間（月平均六〇時間）」にするとなっていた。しかし、繁忙期の月あたりの上限を何時間にするかは示されなかった。政府はこの日に繁忙期の上限も含めた案を示す予定だったが、神津の発言で軌道修正したのだ。

この日、神津の席は初めて安倍の正面にセットされていた。神津の一つ前に発言した榊原は、時間外労働の上限規制に賛成したうえで、①厳しすぎると企業の競争力を損なうこと、②中小企業の対応が難しいこと、③規制がかからない管理監督者へのしわ寄せが生じる懸念があること、の三点に留意する必要があると指摘した。

そして、こう続けた。

「前回、一か月一〇〇時間などは到底ありないという発言もあったが、この三点を踏まえて現実的な具体案を策定すべきだ」

神津への皮肉であることは明白だった。榊原に続いた神津は、月四五時間、年三六〇時間という方向性に賛意を表明しながら、「何か言い返したい」と考えたが、反論の機会はなかった。会議で発言する機会は一回しかないからだ。

会議の最後、神津の目の前で安倍が言った。

「労働側、使用者側にはしっかりと合意を形成していただく必要がある。合意を形成していただかなければ、残念ながらこの法案は出せない。実行計画決定まであとひと月強。胸襟を開いての責任ある議論を労使双方にお願いしたい」

安倍は語気を強めて異例の注文をつけた。この時から、労使の神経戦が始まった。

会議終了後、官邸四階の渡り廊下で榊原が神津に話しかける様子が、三階のエントランスホールにいた報道陣から見えた。二人は「一度会いましょうか」と話したという。

「首相の発言はしっかり受け止めていくべきだ。合意形成に努めていきたい」（神津）「首相の意向も踏まえて協議する必要がある」（榊原）

二人はともに歩み寄りの必要性を示したものの、予想外の展開に戸惑う当事者もいた。榊原の随行で会議の場にいた輪島は「事前に聞いていなかったので、すごくびっくりした」と証言している。

官邸向かいの中央合同庁舎八号館で実現会議のブリーフィングが終わった後、報道陣に囲まれた新原は、安倍の発言の意図を怒声交じりに解説した。

「総理がこれだけ主導している」「『お前、真剣にやれよ』『冗談では済まないよ』ということだ」

「お前」が神津を指していることは明らかだった。新原は連合への圧力を隠そうともしなかった。

二月二二日の第八回実現会議では突っ込んだ議論はなかったが、会議後、神津と榊原はそれぞれ報道陣に対し、できるだけ早く合意形成を目指す考えを明らかにした。

帝国ホテルの会談

交渉は、翌二月二三日から動き出した。午後に双方の担当者が東京・大手町の経団連会館で会合を持った。実務的な交渉を担ったのは、連合が逢見と労働法制を担当する村上陽子・総合労働局長、経団連は専務理事の椋田哲史と輪島だ。

村上は連合が発足して事務局に採用された一期生。水町勇一郎・東京大学社会科学研究所教授の下で学んだこともある。連合事務局で労働法制を担当するエキスパートで労政審の重要な分科会で労働側の中心となって発言する。輪島のカウンターパートだ。

交渉の行方に注目していた新聞やテレビ数社は独自に会合情報をつかみ、経団連会館地下の車寄せで待ち構えた。

約三〇分の会合を終えた逢見は、驚いた表情を浮かべながら「少し論点を整理しただけ」などと報道陣の問いかけに応じた。

会合の日程などの詳細は事前に流さず、記者たちは直前で会合に気づくこともあり、しばしば現場は混乱した。特に連合側は消極的だった。長年訴えてきた「時間外労働の罰則付き上限規制」という悲願の実現が正念場を迎えようとしていたことが、彼らをそうさせたのかもしれない。

二月二七日には、神津と榊原がこの件で初めて会合を持つことになるとの情報が流れたが、時間や場所がわからず報道陣は奔走した。神津はこの日、午後三時まで、東京・神田駿河台の連合会館で労働系の専門誌記者たちの合同インタビューを受けることになっていた。夕方に会合があるとみた各社の記者たちは、東京・大手町の経団連会館と連合会館のそれぞれに記者を配置して、会合場所を突き止めようと躍起になった。

連合会館前では、一〇人以上の記者とカメラが入り口を取り囲んでいた。午後二時半過ぎに神津が普段使っている会長車が連合会館を出て、報道陣の乗った数台の車が追いかけたが、中には誰も乗っていなかった。午後三時一〇分ごろには榊原が経団連会館を出たとの情報があったが、このころになっても一向に神津は出てこなかった。

同三時半ごろになって、東京・内幸町の帝国ホテルですでに会談が始まっているとの情報がもたらされた。榊原の車の追尾に成功した他社の記者がいたらしい。神津は報道陣を煙に巻くために、普段はほとんど使われていない裏の出口から会館を後にした。報道陣が帝国ホテルに急行すると、午後四時前には両者がそれぞれホテルを後にするところだった。会談は約三〇分で終わり、中身もお互いの現状の考えを確認するというものだった。

当初、労使交渉のテーマとして想定されたのは、①繁忙期上限の一〇〇時間、②規制がからない適用除外、③インターバル規制、の三点だ。このうち、②の適用除外については、国土交通省の会議で話し合うという整理になった。「一〇〇時間」問題で対立するのはお互いにわかっており、その問題を横に置いて交渉はスタートした。

「一〇〇時間未満」浮上

「一〇〇時間」の扱いを横に置いたまま、連合と経団連の事務方の折衝は進んだ。このうち、インターバル規制について、連合は労働基準法に盛り込むことを主張した。しかし、これには経団連が強く反対。結局、労働時間等設定改善法に努力義務として盛り込むことで落ち着いた。

当初は今回の労使協議の対象でなかったのに、連合側の要請で議論の俎上に載せられたものもあった。パワーハラスメント対策とメンタルヘルス対策だ。具体的には、周知・啓発にとどまっていた職場のパワハラ対策に法的な規定を設けることを念頭に置いた労使の検討会を開くこと。二〇一五年にできた過労死防止大綱の三年に一度の見直しの際にメンタルヘルス対策の新たな政府目標を掲げるというものだ。

パワハラ対策はその後検討会や審議会を経て、結果的に二〇一九年に法制化される見通しになっている。防止策をつくって運用する義務を企業に課し、取り組まない企業は行政指導の対象になるといった内容だ。「『業務上の指導』との線引きがあやふやでは、上司が部下への指導に尻込みして人材が育たない」などと経営者側が法規制に反対し、長年議論が進まなかった経緯を考えると、連合にとって大きな成果だった。

最後まで残ったのが「一〇〇時間」問題だ。

「一〇〇という数字は消せない」と考えた逢見や村上は、「月一〇〇時間未満」にすべきだと考え始めていた。「一〇〇時間」と「一〇〇時間未満」では一見ほとんど違いはないが、「未満」なら三六協定に「一〇〇時間」とは書けない。企業側ができるだけ長くしたいと思っても、「九九時間」や切りのいい「九五時間」にせざるをえない。わずかな違いであっても、「一〇〇時間はありえない」といった神津のメンツも保てる。

この案が連合内で本格的に主張され始めたのは二月二七日の榊原—神津会談の直後だったが、経団連側にぶつけるのに一週間ほど「寝かせた」。連合関係者によると、この間に官邸側が「一〇〇時間未満」を後押しするという感触を得た。交渉期限が迫った三月六日の週に入って経団連に提案したという。

榊原は三月二日、訪問先の那覇での会見で「来週、合意を目指す」と述べ、協議は順調とアピールしていた。繁忙期の上限は「月一〇〇時間」以外にないと考えており、三月一〇日に二回目の榊原─神津会談を開いて決着させる算段を整えていた。

それだけに連合側の「一〇〇時間未満」の提案は、経団連を困惑させた。

それでも、榊原は「一〇〇時間」を譲らなかった。経団連が意識したのは、中小企業の立場を代弁する日本商工会議所や全国中小企業団体中央会の意向だ。企業別労働組合との労使関係の中で、ある程度の労働時間短縮を進めてきた大企業と違い、人手不足に悩む中小企業には上限規制に対する抵抗感が強かった。榊原は輪島に「一〇〇時間で行け」と指示を出していた。

輪島は、法制上も「未満」はありえないと考えていた。

例えば、労働基準法の法定労働時間は「一日八時間、週四〇時間を超えてはならない」となっている。「一〇〇時間以下」であれば、「一〇〇時間を超えてはならない」となり、一〇〇時間までは許容されることが明確になる。それが、「一〇〇時間未満」となれば、企業の現場が混乱するという理由だ。

実現会議の終わりは三月末と決まっていた。その日程を考えれば、三月中旬には労使が合意している必要があった。しかし、輪島にゴールは見えていなかった。

首相裁定

三月八日夜の段階でも、連合幹部は「一〇〇時間未満まで譲ったのだけど、向こうがそこだけ譲らない。野球で言うと七回裏ぐらいだ」と、交渉がまとまっていないことを明らかにしている。三月九日夜には経団連幹部も「八合目か九合目くらいだ。週明け（の一三日以降に）ずれ込む可能性もある」と話した。

ところが、三月一〇日になると「労使合意について事前の記者ブリーフィングがある」という情報が飛び交った。そして夕刻、実際にブリーフィングが開かれた。岡崎が「三月一三日に労使合意される見込みになった」と説明した。報道陣に配られた労使合意の内容はこうだ。

・時間外・休日労働の上限規制は、月四五時間、年三六〇時間とする。
・ただし、一時的な業務量の増加がやむをえない特定の場合の上限については、①年間は月平均六〇時間（年七二〇時間以内）、②二か月ないし六か月平均は八〇時間以内、③単月は一〇〇時間を基準とする、④月四五時間を超える時間外・休日労働は年半分を超えないものとする。

インターバル制度の努力義務を労働時間等設定改善法に盛り込むことやパワーハラスメント対策の検討を進めることなども入っていた。見直し規定も五年となっていた。

労使が対立した「一〇〇時間」は「基準」という表現になっている。岡崎は「以下か未満かは合意していない」と解説した。

一三日以降の段取りを説明したのは新原だ。

「総理が『一〇〇時間未満でお願いしたい』と伝える。一度持ち帰ってもらって、一〇〇時間を整理した上、政労使で会議に提案する」

ブリーフィングの会場には連合と経団連の関係者の姿があった。政府がどう説明するのか、どちらにも伝わっていなかったからだ。新原が説明した内容を後で聞いた輪島は「そこまで言うのか」と思った。

三月一三日。夕方には神津と榊原が安倍に労使合意の内容を報告する段取りになっていた。ところが朝になっても、神津はサインするかどうか迷っていた。

関係者の間では、神津が官邸にこないかもしれないという情報が飛び交った。

「月一〇〇時間はありえない」と啖呵を切っていた神津は、合意文書への自筆のサインを拒んでいた。せめてもの抵抗だった。労使トップ二人の名は自筆ではなく印字となり、それぞれの団体の印鑑が押された。

夕方、神津と榊原は官邸を訪れ、安倍と向かい合った。

会談に先立ち、繁忙期の上限について最後まで合意できなかった繁忙期の上限について「一〇〇時間を基準値とする」とする合意文書が作成されていた。神津は「両論併記でいいのではないか」と主張したが、「合意が必要」と説得された。「基準点」とする案もあったが、「それでは一〇〇時間になるかもしれない」と神津が粘り、「基準値」となった。労使で決められなかったゆえの苦し紛れの表現だった。

安倍は二人に対し、「ぜひ一〇〇時間未満とする方向で検討いただきたい」と要請した。神津と榊原は会談後、並んで報道陣の取材に応じ、首相の意向を踏まえて対応を検討すると表明した。

過労死遺族の思い

「一〇〇時間」問題で、神津が気にしたのは、過労死・過労自殺の遺族だ。繁忙期の上限に関する政府案の報道に一番強く反発したのは遺族だったからだ。「繁忙期の上限は平均八〇時間、単月一〇〇時間」を法律にすることは、遺族には「過労死ラインの合法化」と映った。「そんな規制なら、ない方がました」と言い切る遺族もいた。

二月二七日に榊原との会談を終えた神津は東京・駿河台の連合本部に戻り、「全国過労死を考える家族の会」の寺西笑子・代表らメンバーと会った。事前に連合の考えを伝えておきたいというのが神津の思いだった。寺西は外食チェーンの店長だった夫を一九九六年に過労自殺で亡くしている。

寺西は、二月二日、国会内で神津と顔を合わせている。神津が「一〇〇時間はありえない」と言い切った翌日だ。神津の発言に思いを強くしていた寺西は、神津に「『ありえない』と発言していただいてありがとうございます。頑張ってください」と伝えていた。

二七日に連合本部を訪れたのは、寺西と中原のり子・東京家族の会代表、西垣迪世・兵庫家族の会代表ら計五人。いずれも二〇一四年に議員立法で成立した「過労死等防止対策推進法」の制定運動を担ったメンバーだ。過労死防止法の制定を受けて発足した、厚生労働省の過労死等防止対策推進協議会にも加わっている。連合側は神津、逢見、村上が対応した。

連合本部での神津の説明は、寺西らの思いとは違った。「単月一〇〇時間、平均八〇時間は硬い。崩せない」というのが神津の説明だった。神津は気まずそうで、笑顔はなかった。

「過労死ラインが合法化されれば企業が濫用する。少なくとも過労死ラインを下回らないと何も変わらない」と訴える寺西を、神津は「今回は第一歩。いずれ下げていく」と説得しようとした。

しかし、寺西は納得しなかった。

「それは甘い。いったん法律になってしまえば、二、三年後に下げることはできない。最初の過労死白書が出て、電通事件が起き、実現会議が動いている。これほどの条件がそろうことはほとんどない」

「政府に、一〇〇時間を受け入れなければ、全部なかったことになると言われている」と受け止めた遺族もいた。

労使交渉が大詰めを迎えた三月八日にも寺西は連合本部を訪れている。この時は「一人で」という条件だった。対応したのは神津、逢見、村上の三人だが、神津はほとんど話さず、もっぱら村上が状況を説明した。

状況に変化はなかった。「家族の会としての考え方は変わらない。経過報告を聞いていていても何も変わっていない」。そう言って寺西は連合本部を後にした。

神津は週刊誌「サンデー毎日」にコラムを掲載していた。四月九日号の神津のコラムは、家族の会にこう言及している。

「今回も、寺西笑子代表をはじめとした『家族の会』の方々の、心の底からの強い思いを受けながら取り組んできたが、現状は過労死・過労自殺という非常識な現実をくつがえす確証を得るためのスタート地点にすぎない。」

寺西のもとには神津の名で掲載誌が送られてきたという。

「九六〇時間になっちゃう」

三月一三日に神津と榊原が官邸を訪れる直前、取材陣に、事前ブリーフィングで配られた労使合意の内容の訂正がメールで送られてきた。

「基準」が「基準値」となっている以外にも、大きな修正が加えられていた。

原則となる月四五時間、年三六〇時間、そして繁忙期を入れても年七二〇時間という上限は、時間外・休日労働が対象ではなく、時間外労働だけにしかかからないというのだ。月四五、年三六〇時間は厚生労働大臣告示を前提にしており、休日労働が含まれない。年七二〇時間のもとになる月六〇時間も同様だ。

一方、繁忙期の上限である月八〇、一〇〇時間のもとになった過労死の労災認定基準は休日労働を含む。すでにある規制の考え方を組み合わせるならば、こうした整理には理由がある。

しかし、一〇日の事前ブリーフィングとは明らかに中身が違う。「基準」か「基準値」か、という表現の問題ではない。事前ブリーフィングの後に既存の規制とそろえる必要があると厚労省側が指摘し、バタバタと修正したという。神津の随行で官邸を訪れた村上に「最後にずいぶん修正が入りましたね」と澤路が話しかけると、村上は無言で顔をそむけた。

連合は三月一五日に逢見や村上が出席して記者会見を開き、労使交渉の経緯について説明した。逢見は、労使ともに休日労働を含むものと理解して交渉していたと説明した。輪島も「労災認定基準で八〇、一〇〇に休日は入る。同じように管理するわけだから、当然、七二〇にも休日労働が入ると理解していた」と証言している。

連合の会見後、澤路は悩み始めた。年七二〇時間の上限には休日労働は含まれない。月四五時間の原則を上回っていいのは半年だけだが、この制限にも休日労働は対象とならない。そうすると休日労働を加えたときの上限は月八〇時間、年九六〇時間。つまり、毎月過労死ラインの残業をさせることが可能になってしまう。

ただし、労働基準法が義務付ける休日は週一日。休日労働をさせられるのは週一日しかないのに、年九六〇時間は現実に可能か。シミュレーションを繰り返す度に疑問が膨らんだ。

三月一六日には翌一七日に予定されていた第九回実現会議の事前ブリーフィングがあった。こうした疑問を新原に直接ぶつけることにした。

法定を超える残業上限規制のしくみ（イメージ）

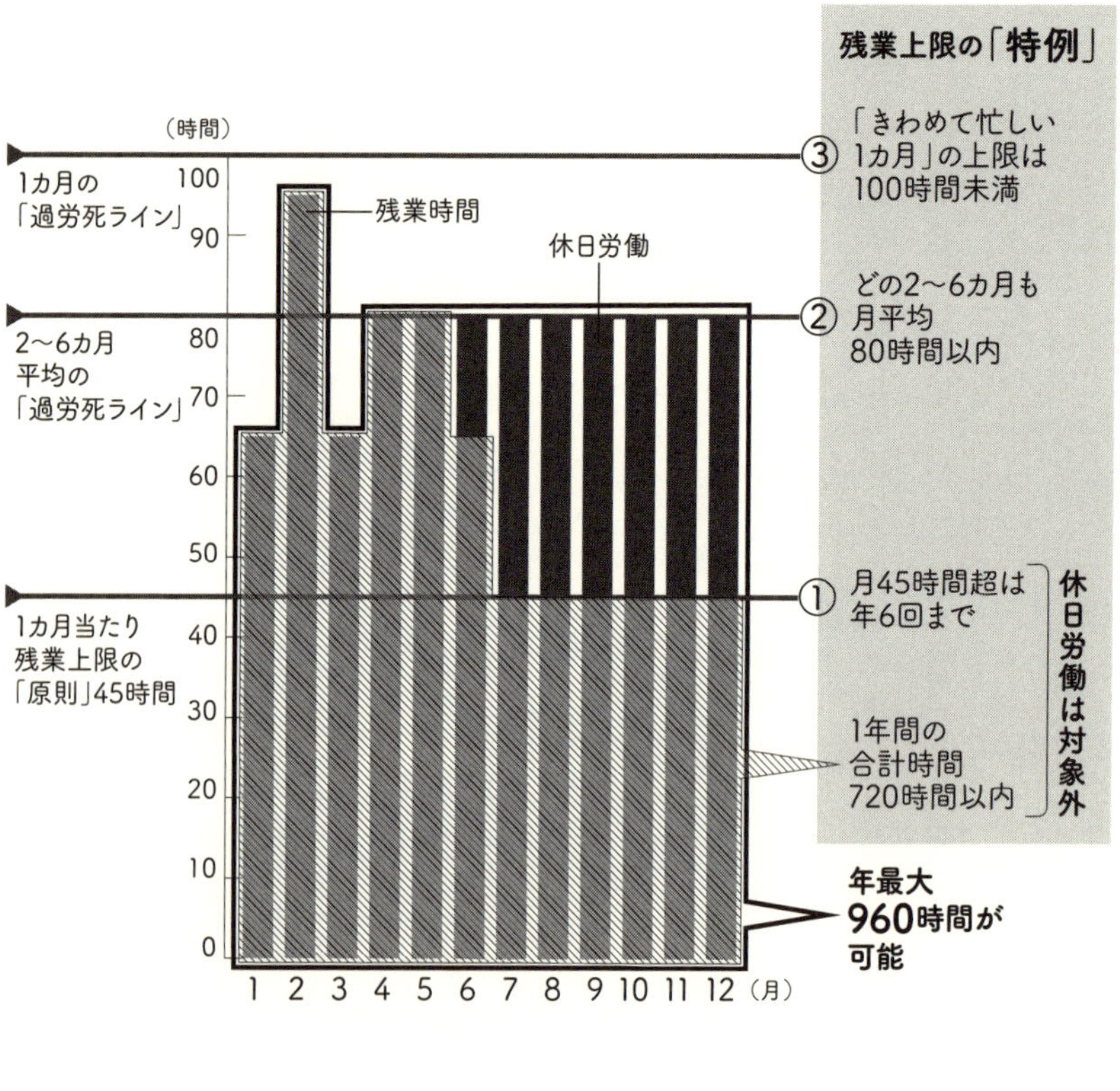

――休日労働を加えれば、法定労働時間を超えて月八〇時間を一年一二か月続けることは理論的に可能か。

新原「だって休日労働含んで二か月ないし六か月（八〇時間以下）を満たさないといけないんだよ」

――毎月毎月八〇時間だったら、その基準を満たしませんか。

新原「あー、八〇だったらね。八〇だといくらなんだ」

――七二〇時間に休日労働はカウントされないんですよね。

新原「それは、だから……。今までと……。」

――時間外と休日を合わせた八〇は毎月可能かということを確認したい。

新原「ちょっと、あとであれしてください。ここであれして、あのー、ちょっと計算して、あのー」

新原は手元で計算を始めた。そして、唐突に大声で叫んだ。

「だって、八〇（時間）を一二か月やったら九六〇（時間）になっちゃうじゃない」

新原は「そんな簡単な話じゃない」「実態の問題としてできないと思う」と混乱状態に陥った。

「要するに、これまで答弁してきていることを正確に踏襲するということなんです。労災の認定基準の方には休日が、入って、えーっと、えーっと、ないわけです」

報道陣から「入っている、入っている」と指摘されると、「入っているんだ、入っているんだ。いるやつについてはいるとするし、いないものについてはいないとする、というわけ」とうろたえた。

冷静さを失った新原に代わり、厚労省から実現室に出向していた富田望・参事官が「理論的には可能だが、実際にどうなるかは別問題」と場を収めた。

岡崎は「議論はもともと月四五時間、年三六〇時間という三六協定の大臣告示が前提。より激しいときにどうするかというときに、労災認定基準は休日（労働）が入っているからプラスアルファで入れた方がいいという論だ。休日労働を抜いたという話ではない」と説明している。

この説明に嘘はないだろう。だが、公開の場で精緻な議論が行われずに制度設計された「働き方改革」の実態を象徴するドタバタ劇だった。

「高プロ」「裁量労働制」明記

三月一七日の働き方改革実現会議には、修正された労使合意に基づいて、政労使の提案が出された。繁忙期の上限は、安倍の言葉どおり「月一〇〇時間未満」となっていた。第一〇回となる三月二八日の実現会議で、「働き方改革実行計画」は承認された。

そこには、後に連合を大きく揺るがす二つの規制緩和策が盛り込まれていた。高度プロフェッショナル制度（高プロ）の創設と裁量労働制の拡大である。

いずれも経済界の要望を受けた規制緩和策で、連合の反対を押し切って二〇一五年四月に閣議決定された労働基準法改正案に盛り込まれていた。この改正案はすでに国会に提案されていたが、審議は行われてなかった。高プロは高年収の一部専門職を労働時間規制の適用外とし、時間外や休日労働に対する割増賃金が一切支払われなくなる制度のこと。これまでの労働基準法にはなかった新しい制度だ。

裁量労働制は、労使間であらかじめ決めた時間だけ働いたとみなす制度のこと。実際の労働時間とは関係なく、あらかじめ決められた時間分の賃金しか支払われない。ただし、高プロとは異なり、休日と深夜労働の割増分は支払われる。記者や弁護士、税理士などに適用される専門業務型と、経営中枢に近いホワイトカラーを想定した企画業務型の二種類がある。改正案の内容は、企画業務型に新たに法人営業のタイプを追加するというものだった。

実現会議で直接このテーマが議論になったことはなく、安倍が指示を出したことはない。連合と経団連が時間外労働の上限規制を巡って交渉したときも、議論の対象になっていない。

ただ、実現会議では経済界の委員からは早期成立を目指す意見が出ていた。それが、実行計画の段階で入ったわけだ。

連合は実行計画を受けて、逢見の名前で出した談話にこう書いた。

「現在国会提出中の労基法改正法案について『早期成立を図る』とされたが、同法案に盛り込まれている高度プロフェッショナル制度や企画業務型裁量労働制の見直しは、長時間労働を助長しかねず、その是正が不可欠である。」

第3章 電通事件

電通への強制捜査

記者会見

二〇一六年一〇月七日は日本の過労死対策の歴史を画する日だった。この日、初めての「過労死防止白書」が閣議決定されたのだ。

二〇一四年に施行された「過労死等防止対策推進法」で、政府は過労死・過労自殺の現状や防止策などを毎年報告することが義務づけられた。推進法の制定をもたらしたのは、一九九一年に結成された「全国過労死を考える家族の会」の活動だ。家族の会の訴えは政治家を動かし、超党派の議員立法によって成立した。白書は、こうした家族の会の活動にも触れていた。

新聞各紙は夕刊で白書の閣議決定を伝えた。日本経済新聞は一面、毎日新聞は社会面カタ、読売新聞も社会面で見だし三段の扱い。白書の中身だけでなく、推進法成立の経緯や家族の会の活動を紹介した新聞もあった。

しかし、朝日新聞夕刊には一行も載っていない。午後二時過ぎ、東京・築地の朝日新聞本社五階編集フロア。労働担当の木村裕明・経済部次長(デスク)は、その日の朝刊の責任者である編集局幹部に説明を求められていた。

白書がこの日に発表されることは数週間前から明らかになっていた。なぜこんな判断をしたのか。朝刊はどんな紙面展開にするつもりなのか。木村は編集局幹部から問い詰められていた。

厚生労働省記者クラブに属する千葉はこの時、記者クラブの会見室で記者会見を取材していた。

記者会見の通知は、その三日前、厚労省記者クラブに張り出された。

「記者会見要領　都内に本社をもつ有名企業（情報関連）で働いていた若い女性が、昨年、過労死で死亡したケース」

担当は川人博弁護士。これまで多くの過労死案件を手掛けてきたプロフェッショナルだ。ただ、事前の案内だけでは何のことかわからない。千葉は判断がつかないまま記者会見に臨んだ。

会見場には、テレビ局各社のカメラが入り、他の新聞社や通信社はカメラマンを呼んでいた。午後二時。配布された資料を見て、千葉は驚いた。広告大手、電通の名前が記されていたからだ。

川人は、会見冒頭、こう前置きした。

「本件は大手の広告代理店、著名な企業における労災認定であり、また、本日は過労死白書が閣議決定されたという時期でもございますので、当事者の方にも出席して頂き、その公益性に鑑みて記者発表することにしました」

労災の概要は、こうだった。

「高橋まつりさんが昨年一二月に、亡くなりました。当時二四歳です。本件の労災の請求人はご遺族のお母さんです。被災者が所属していたのは、広告代理店、電通のダイレクトマーケティング・ビジネス局デジタル・アカウント部です。担当したのは三田労働基準監督署。労災の申請は(平成)二八年四月、決定は九月三〇日付け。今日、労基署から説明を受けました」

電通の新入社員が、長時間の過重労働で亡くなり、労災認定されたという。その事実が、被害者の実名が示された上で、淡々と説明されていった。

川人の隣で、報道陣をにらみつけるような表情で座っていたのが、高橋まつりの母親、幸美だった。川人が一通り説明した後、幸美は振り絞るような声で、コメントを読み上げた。

「娘は昨年三月東大を卒業し、四月に電通に入社し、日本の発展をリードする大企業で活躍する希望をもち、研修を重ね業務に取り組んでいました。しかし、インターネット広告の部署に配属されて休日出勤と連日の深夜に至る長時間労働とパワハラによる心理的負担のため、入社してわずか九カ月後の一二月に過労自殺でなくなりました。娘は『一週間で一〇時間しか寝ていない』『寝たい以外の感情を失った』『二五年前の電通事件のようになりそう』と、友人や会社の人に相談していました。上司の労務管理の配慮はなされませんでした。人生の様々な困難を克服してきた娘がなぜ死ななければならなかったのでしょう。労災認定がなされても娘は二度と戻ってきません。二年前、国会で過労死等防止対策推進法が制定されたにもかかわらず、過労死が起きました。命より大切な仕事はありません。このような過労死が繰り返されないように、企業の労務管理の改善の徹底と国の企業への指導が速やかに行われることを強く希望します。高橋幸美」

一時間を超える会見が終わった後、千葉はまだ、ニュース価値を判断できずにいた。千葉とともに会見に出席していた澤路は、資料に電通の名前があるのを見て天を仰いだ。電通では一九九一年に入社二年目の男性社員が自殺している。遺族は仕事が原因の過労自殺だとして、電通の責任を追及する訴訟を起こした。会社は争ったが、二〇〇〇年に最高裁が電通の損害賠償責任を認定した。

この最高裁判決は「過労死問題のバイブル」だ。過労死問題に取り組む遺族や弁護士、労働運動の活動家だけではない。会社側であっても人事・労務の専門家でこの電通事件を知らないものはいない。

その時の被害者側の代理人が川人だ。その電通でまた過労死が起きた。澤路は千葉にそんな背景を説明し、「これはかなりのニュースだ」と千葉に伝えた。

千葉が会見の内容を伝えるために木村に電話すると、木村は開口一番「今日の過労死白書を夕刊で落としたから、対応を迫られているんだ」と千葉に言った。千葉は、木村の剣幕に驚きながら、澤路が話した内容をそのまま木村に伝え、「これは、ちゃんと扱った方がいいです」と言い添えた。木村も、あの電通で過労自殺が繰り返されたことに驚いた。朝刊で大きく扱った方がいいと判断し、社内の調整に乗り出した。木村は澤路に問い合わせた。

「電通の労災認定、一面でどうか」

澤路は一瞬、躊躇した。居酒屋チェーン「和民」の過労自殺事件で、遺族が起こした損害賠償訴訟が東京地裁で和解した際、朝日新聞は一面に記事を掲載している。しかし、労災認定段階の記事を一面に掲載したことは、記憶の範囲でなかったからだ。

それでも、電通で再び過労自殺が起きた事実は重い。一面掲載は見識を示すことになるかも知れない。そんな意見を木村に伝えた。

木村は「一面本記、社会面に『受け』で」と決め、千葉に連絡した。

大きなニュースを報じるときには、一つの記事だけですべての要素を書ききれないため、何本かの記事に分ける。本記とはニュースの主要な事実をまとめた記事のこと。「受け」とは会見の様子や背景事情を説明する関連記事のことをいう。

翌朝の朝刊の一面で、朝日新聞はこう記した。

「広告大手の電通に勤務していた女性新入社員（当時二四）が昨年末に自殺したのは、長時間の過重労働が原因だったとして労災が認められた。遺族と代理人弁護士が七日、会見して明らかにした。電通では一九九一年に入社二年目の男性社員が長時間労働が原因で自殺し、遺族が起こした裁判で最高裁が会社側の責任を認定。過労自殺で会社の責任を認める司法判断の流れをつくった。その電通で、若手社員の過労自殺が繰り返された。」

報道各社もまつりの過労自殺を大きく報じた。ＳＮＳに残されたまつりの言葉はインターネット上に拡散した。

SNS

高橋まつりは、二〇一五年三月に東京大学文学部思想文化学科を卒業し、電通に入社した。

電通では、入社後約一か月間の「新入社員教育」があり、その後に配属先が決まる。まつりは、「ダイレクトマーケティング・ビジネス局」(DMB局)に配属された。約二か月の配属部署内研修を経て、七月一日にDMB局の「デジタル・アカウント部」(デジアカ)に所属が決まった。職種は「プランナー」。クライアント企業が出稿するデジタル広告に関する業務を担当する部署だ。

まつりが担当することになったのは、テレビCMも流す有名保険会社が販売する自動車保険のインターネット広告。クリック数や検索数など様々なデータを使って、広告の効果を分析し、クライアント企業に改善点を提案するのが主な業務だった。

電通では、入社後半年間は「試用期間」で、勤務時間は午後一〇時までに制限されている。それが一〇月からは「本採用」となり、勤務時間の制限はなくなる。

一〇月以降、まつりの残業時間は急激に長くなった。保険会社に加え、証券会社一社も新たに担当企業となり、業務の負荷が増えた。一方、社内の組織改編の影響でデジアカの人員は減った。このほか、新入社員は、「部会」「局会」などと呼ばれる社内の飲み会の準備や運営を任される。この負担が大きかった。

長時間労働が全社的に常態化していた電通では、社員の労働時間の過少申告が横行していたとみられている。実際の労働時間の記録が残っていないため、労働実態が見えにくくなっていた。

しかし、まつりは、同僚や友人、母の幸美とのSNSのやりとりを通じて、自身が置かれた状況をスマートフォンやパソコンに大量に残していた。

まつりが亡くなった二〇一五年一二月二五日、警視庁深川署でまつりのスマホを受け取った幸美はその後、娘が残したSNSの記録を一つ一つ確認した。そこから、苛烈な労働実態が浮かび上がってきた。

九月二五日(金) 最近よく怒られてるね。って、言われました。

九月二六日(土) 泣きすぎて月曜日が怖い

九月二七日(日)~二八日(月) 朝まで論文六個。締め切り九月三〇日

九月三〇日(水) 五:三三始発出勤　睡眠時間とプライドが限界　辞めたい　夜部会もある。

一〇月の本採用を前に、すでに厳しい働き方をしているのが分かる。職場では、強いプレッシャーをかけられていた。論文の締め切りが迫った九月末は、睡眠時間が短くなっている様子がうかがえる。

一〇月一日（木）　本採用　新部署一五人から一〇人くらいごっそり抜けて五人になる
結構限界にきてます。
一〇月二日（金）　つらい　つらい
仕事で駄目だし　いじられキャラ　疲れた
一〇月五日（月）　この会社おかしい
残業するなって話なのに一年目は死ぬほど働けという
一〇月七日（水）〇：二七　退勤　もう無理
毎日残業つらすぎる　電通やめたい
七：〇三　眠いよ　早く寝たい
一〇：五〇　寝坊　出勤
一八：四七　奇跡の退社
一〇月九日（金）　つらすぎて二年もつかわからない。
睡眠時間三時間生活続くと死にそう

一〇月一二日（月）（体育の日）

休日出勤　結構休日出勤してる人多くて弊社の闇を感じる

休日出勤えらいなぁと思って出社したけど、うちの部に限っては六割出社でした。そりゃ過労で死にもするわ。噂に聞いた四七時帰宅。四七：四〇出社もあり得る

一〇月一三日（火）一：二八　今からお風呂入って出社します。（死）

寝ないでプレゼン作成　徹夜

休日返上で作った資料をボロくそに言われた　もう体も心もズタズタだ

眠りたい以外の感情を失った

一〇月一四日（水）〇：四〇　終電　帰宅

七：三三　いつ寝ればいいのかわからない

一〇月一日の本採用後、毎週のレポートが課されるようになり、水曜日に打ち合わせがあった。このため、火曜日が徹夜になることが多かった。

電通の猛烈ぶり

一〇月一八日。この日は、電通社内の年に一度の「ファミリーデー」で、家族で過ごすことが奨励されていた。

まつりは母の幸美を東京に招き、ディズニーシーに遊びに行った。アトラクションの列に並んでいるとき、まつりは幸美にこう言った。

「免許証貸して」

まつりの部署で新たに証券会社をクライアントとして獲得することになり、部署の社員には一人二〇口座の登録がノルマとして課されたという。そのため、家族だけでなく友人や知人にも声をかけていた。口座開設はインターネットで申し込むが、免許証はその際の身分確認のためだった。

口座開設の獲得は、本来なら証券会社の仕事だ。ところが、証券会社との契約を獲得するために、証券会社に代わって広告代理店が手伝う。そのためには親族も使う。幸美は、電通の猛烈ぶりを垣間見た気がした。

このすぐ後、まつりはこの証券会社のデジタル広告も担当することになる。過重労働は過酷さを増していった。

五五時間連続勤務

一〇月一七日（土）　この度、●●FX証券の案件にアサインされ、二〇人に口座開設してもらわないと上司に殺される事態になりました。
一〇月一九日（月）　過労死タスクがめちゃくちゃ追加される
死因：愛のある指導
一〇月二〇日（火）三：三八　いまさっきのお仕事が終わったら、今からプレゼン二つ作ります。
一〇月二一日（水）三：三五　今から帰宅します。
三：五四　体が震えるよ……
七：〇〇　出勤

しぬ
もう無理そう。つかれた

一〇月二二日（木）一：五〇　今日は終電前に帰れた
毎日朝まで仕事フラグ

一〇月二七日（火）二：一〇　会社へもどる

二：二三　会社行ったら若手がたくさんいました。
弱音の域ではなくて、かなり体調がやばすぎて、倒れそう
健康診断で、残業多いし疲れすぎてこのままじゃ本当に死ぬから人事役員に
いいます。って、お医者さんに言われました。
本当に死ぬよってお医者さんに言われたのやばくないですか。
死ぬレベルとか入院レベルじゃないと何もしてくれないです。健康診断の結
果を見たら尿蛋白が最悪のレベルでした。

一〇月二八日（水）　二徹してつくった自作の資料が全くダメだと言われたのだけれど、
直してみて良かったらクライアントへ持って行こうということになり、休日出
勤も厭わないやる気が出てきた私は社畜の才能が有り余ってる

一〇月三〇日（金）　部長「君の残業時間の二〇時間は会社にとって無駄」「会議中に眠そ
うな顔をするのは管理ができていない」「髪ボサボサ、目が充血したまま出勤

するな」「今の業務量で辛いのはキャパがなさすぎる」　わたし「充血もだめなの?」

一一月二日（月）　次の日は祝日だし徹夜しても大丈夫だね。って、仕事ふられました。

一一月三日（火）（文化の日）　生きるために働いているのか、働くために生きているのか分からなくなってからが人生

一一月四日（水）一：二三　今から帰ります。

四人しかいないうちのチームの二人がダウンして休みなので今日帰れそうにないです。

まだ水曜日なのに本当に死んで逃げたいレベルに辛い

金曜日にプレゼンあるので今週一睡もできないかも

一一月五日（木）　タクシー乗ったなり　へろへろ

土日も出勤しなければならないことがまた決定し、本気で死んでしまいたい

一一月六日（金）　本当に死ぬところだった

まつりは、一〇月二五日(日)に休日出勤し、二六日も徹夜して、FXに関する資料を作成している。しかし、二八日に上司からだめ出しを受け、再度プレゼンテーションするよう指示されていた。二五日は午後七時二七分に出社。二八日午前〇時四二分に退社するま

で約五五時間、ほぼ連続して社内にいた記録が残る。

上司の部長から「君の残業時間の二〇時間は会社にとって無駄」「髪ボサボサ、目が充血したまま出勤するな」と指摘された。上司の対応にも強い負担を感じていた。

一一月三日は文化の日で祝日だったが、出勤している。その週末の土日も出勤することになった。

上司に指示されたプレゼンのやり直しは一一月九日。

この日、まつりは、欠勤した。

この時期にまつりはうつ病を発症したと、後に認定されている。

一一月九日に欠勤した数日後、まつりは上司と面談した。業務量があまりにも多いと判断され、証券会社の担当からは外れることになった。

この頃から、「死」に言及するメッセージが徐々に増え始める。

深夜の反省会

一一月一〇日（火） 今日も寝られなかった。

毎日次の日が来るのが怖くてねられない
一一月一二日(木)一:〇一　これが続くなら死にたいな……と思いはじめて、道歩いている時に死ぬのに適してそうな歩道橋を探しがちになっているのに気づいて今こういう形になってます。。
がんばれると思ってたのに予想外に早くつぶれてしまって自己嫌悪だな
一一月一六日(月)　寝られなかった
会社怖いから寝られない
一一月一八日(水)　毎朝起きたくない?　失踪したくない?
朝起きるということがとにかく嫌すぎる
一一月二一日(土)　生理痛が痛い　お腹がいたい
一一月二二日(日)　股関節とお腹とお尻が痛いの　それにとってもさびしくなる
一二月二日(水)　働きたくないとかじゃなくて、朝起きたくない。
人生、完パケしたすぎる。限りがあるとはいえエンドレスに毎朝起き続けなければならないなんて。。
一二月九日(水)三:〇六　死にかねん
四:〇三　今から帰宅する
四:〇四　死ぬ

四：〇七　熱も出そう
四：一二　辛すぎる
四：一八　帰宅
四：三一　今から寝たら仕事終わらないので寝ません
五：〇八　眠すぎて気持ち悪い
八：〇〇　二時間くらい寝てました
八：〇八　はたらきたくない
八：〇九　一日睡眠時間二時間はレベル高すぎる

一二月一二日（土）　久々に会うなら本当は一番かわいい自分で会いたいのに、今人生で最低に醜いから。日が迫ってきて、会うのが怖い　本当に可愛くなくてショック受けるかもしれないけど、ごめんね。

一二月一五日（火）　つらい

一二月一六日（水）　死にたいと思いながらこんなにストレスフルな毎日を乗り越えた先に何が残るんだろうか

一二月一七日（木）　一日二〇時間とか会社にいるともはや何のために生きているか分からなくなって笑けてくるな。

目も死ぬし心も死ぬし、なんなら死んだほうがよっぽど幸福なんじゃないか

とさえ思って、今日は、死ぬ前に送る遺書メールのCCに誰を入れるのがベストな布陣かを考えてた

この時期、まつりの負担になった業務がもう一つある。「局会」「部会」と呼ばれる、社内の飲み会の幹事業務だ。若手社員が中心となって飲み会を企画運営する。電通では伝統的に新人教育の一環として重視されていた。

事前準備が非常に入念だった。一二月一五日に実施された「局会」は、ダイレクトマーケティング・ビジネス局の担当役員や局長ら幹部が出席した。この時の準備作業に使われた内部資料が残っている。

資料によると、「局会」の「タスク」は大きく、「一年目出し物」「クイズ」「景品準備」「ポスター」「会場関係ロジ」に分かれ、それがさらに六〇近くの細かい「タスク」に区分されて、担当者が割り振られる。準備は一一月二五日から始まり、局会の一二月一五日までにどう作業を進めていくかの日程管理も徹底していた。

まつりは、「一年目出し物」などを担当した。局会当日に流す映像の撮影のため休日をつぶした。

一二月一日（火） 会社の飲み会コンテンツ作るのが今までのどんな業務よりつらいんだ

けど、紅白よりも少ない登場人物で二〇〜六〇代の男女が楽しめるコンテンツを作ることができたら、私はＮＨＫよりすごいということになるな。

さらに、苛烈なのは、局会終了後の反省会だった。まつりら新入社員に対し、先輩社員の「ダメだし」が続く。

反省会に使われた一枚紙の資料には、三三項目のチェックポイントが並び、それぞれに「今回の反省点」が記入されている。

幹事の仕事「一次会のお店から二次会のお店までの道順下見」→反省点「事前下見をしていませんでした」。

「前回幹事へのヒアリング」→「準備に必要な項目や、おすすめの店、上長の好みを事前に伺って、準備の参考にすべきでした」

「二次会のお店への連絡（一次会会場出発時に）」→「しませんでした。そのため待ち時間が生まれ、不愉快な思いをさせてしまいました」

「乾杯・締めのご挨拶の依頼と進行」→「幹事として何も発言せず、上長任せにしてしまいました。自分で会の舵を取るべきでした」

こんな内容が、延々と続く。

会に参加した幹部の自宅の最寄り駅を事前に調べ、帰宅しやすいような配慮をする。二次会は二、三件予約し、何もなかったようにキャンセル。偽名とうその電話番号を使う。

反省会では、こんな「マニュアル」まで学ばされた。
局会の三日後となる一八日には、デジタル・アカウント部の「部会」が続いた。

一二月一八日(金) さすがにつらいです

一二月一九日(土) せっかく四カ月ぶりに彼氏に会えるのに、そのために仕事をめちゃめちゃ早く終わらせなきゃならないことと愚痴を言ってはいけないというプレッシャーで辛いったらないんだよな。社会人になるってことは、一時も気を抜けないってことなんだな。

一二月二〇日(日) 男性上司から女子力がないだのなんだのと言われるの、笑いをとるためのいじりだとしても我慢の限界である。おじさんが禿げても男子力がないと言われないのずるいよね。鬱だ。

一二月二五日

幸美は二五日早朝、まつりからSNSのメッセージを受け取った。

「さようなら。お母さん、自分をせめないでね。最高のお母さんだから。ありがとう」

幸美はすぐに電話し、「死んじゃだめだよ。会社なんて辞めてしまいなさい」と伝えると、まつりは「うん。うん」と答えた。

勤務先の工場に出勤した幸美は昼ごろ、まつりにメールしたが、返信がない。この日の仕事はそれほど多くなく、定時の午後五時には終われそうだった。そうしたらすぐ、まつりに電話しよう。そう思っていた。

午後四時すぎ、警視庁深川署からの電話で、まつりの声を聞くことが、もう二度とかなわないことを知らされた。

「なぜ今朝、すぐに助けに行かなかったんだろう」

消えることがない幸美の後悔が、この時から始まった。

幸美は、まつりの二歳年下の弟と一緒に、同僚の車で警察に向かった。深川署に着いたのは午後八時ごろ。東京の街は、まだ、クリスマスのイルミネーションできらきらしていた。幸美のこの時の記憶は不明瞭だが、深川署の安置所にろうそくが灯っていなかったことだけは、はっきりと覚えている。

「自分がドラマの中にいるみたいだと思っていたのに、ろうそくがないなんて『ドラマと違う』と思った」からだ。

まつりは、眠っているようだった。涙は出なかった。ただ、呆然とするしかなかった。警察官から一通りの説明を受けた後に渡されたビニール袋に、まつりのスマートフォンが入っていた。幸美が、思い当たる番号をパスワード入力したが、ロックは解除できない。弟が「ちょっと貸して」と言ってスマホを受け取り、パスワード入力すると、ロックが解除された。

まつりの弟が入力した数字は、幸美の誕生日だった。ロックが解除され現れたスマホの待ち受け画面には、実家の愛猫ももちゃんを抱き上げる弟の写真が映っていた。

中学生以来、母子三人の家庭で育った。決して裕福ではない家庭から自立するには、勉学が必要だと小学生の時に思い定め、目標どおりに東京大学に合格し、日本で最も優良な企業の一つである電通に入社した。

まつりはいずれ、母に仕送りをする計画を立てていた。それが、自立した自分にできる大好きな家族への恩返しだと信じていた。

そんなささやかな夢すら叶えることができないまま、まつりの命は奪われた。

まつりはこの日、会社を無断欠勤していた。スマホには、まつりを心配する同僚からの多数の連絡が残っていた。幸美は、一つ一つを確認しながら、SNSの履歴をさかのぼった。

「これは、労災だ」

幸美は、そう確信した。

まつりが残したSNSを毎日読み続けた。娘の悲痛な思いを読むのは、辛いだけだった。読んでいる間、涙が止まらず、次第に自分が泣いているかどうかさえも分からなくなった。ただ、これだけの記録を残してくれたことは、労災申請をする上で、有力な証拠がそろっているということでもある。幸美は、SNSすべてをプリントアウトした。

その作業にどれだけ時間がかかったか覚えていない。ただ、まつりの命を奪ったのは誰なのか、それを明らかにしたかった。

電通第一事件

バブル経済の終わりが近い一九九一年八月。電通に入社して二年目のラジオ局（当時）の男性社員が自宅で自殺した。二四歳だった。まつりが生まれた年の出来事だ。

長時間労働でうつ病になったのが自殺の原因だとして、遺族は電通の責任を問う訴訟を東京地裁に起こした。遺族側は、深夜の退館記録などをもとに、男性が長時間労働を強いられていたと主張。会社側は男性の自己申告による記録をもとに、「時間外労働が突出して多いわけではない」「在館時間がすべて業務にあてられていたわけではない」などと反論した。

地裁判決は、男性が亡くなった八月に一〇回、前の月も一二回、東京の本社を午前二時以降に退社していたと認定。こうした事実をもとに、「常軌を逸した長時間労働をしていた」として遺族の訴えを認めた。

裁判は最高裁まで争われ、二〇〇〇年三月、電通に安全配慮義務違反があったと認定された。「会社は労働者の心身の健康を損なうことがないよう注意する義務がある」。最高裁はこう言い切った。

これが、「過労死事件のバイブル」と言われる電通第一事件だ。この事件の原告側の担当弁護士だったのが、川人だった。

幸美は、電通でかつて過労死が起きたことは知っていた。だから、その事件を担当した川人に代理人になってもらいたいと思った。

そんな時、偶然、勤め先の社長を通じ、弁護士に会うことになった。この弁護士が紹介したのが川人だった。

過少申告の疑い

二〇一六年二月、幸美は東京の事務所で、初めて川人と面会した。

その数日後に、電通の幹部が幸美の自宅を訪れることになっていた。川人は幸美に「勤怠管理のデータを持ってきたら、教えて下さい」と指示した。

静岡県内の幸美の自宅を訪問した電通幹部は、川人の想定どおり、まつりの日々の労働時間が記録されたデータを持ってきた。そこに記されていた最後の三か月の残業時間は、極めて不自然な数字が並んでいた。

「六九・九」「六九・五」「六九・八」

いずれも、七〇時間ぎりぎりに収まっていたのだ。電通の労使が結んでいた三六協定の上限は月七〇時間。幸美は、すぐに、まつりが残したSNSの一文を思い出した。

「七〇までにしろって言われてるんです。俺の若い時は、社内飲食にしてたぞって。」

働いた時間を「社内飲食時間」と偽って報告することで労働時間を少なくみせかける「過少申告」の疑いが、濃厚だった。

幸美は、電通幹部が示したこうしたデータを、川人に報告した。川人は電通に連絡し、本社への入退館記録やパソコンのログイン・ログオフの時刻など、客観的な記録の開示を要請した。

電通が出してきたデータは、まつりが会社に申告していた時間よりも、実際の労働時間が大幅に長いことを示していた。川人はスタッフとともに、電通社員が本社を出入りする際に通過する「フラッパーゲート」の記録をベースに、実労働時間を算出。すると例えば、一〇月二五日は午後七時二七分に出社し、三日後の二八日午前〇時四二分に退社するまで、約五五時間もの長時間拘束されていたことが確認できた。まつりが残した一〇月二八日のSNS「二徹(二日間徹夜)して作った自作の資料が全くダメと言われた」といった内容とも、完全に一致するデータだった。

川人らは、電通が示した労働時間に関する膨大なデータを突き合わせながら、まつりの実労働時間の資料を作成。これを基にして、四月一三日、電通本社を管轄する三田労働基準監督署(東京都)に、労災を申請した。

三田労基署が労災を認定したのは、約五か月後の九月三〇日。まつりがうつ病を発症したのは二〇一五年一一月上旬とした上で、発症一か月前の時間外労働時間を約一〇七時間と認定した。時間外労働はその前月から倍以上に増加しており、心理的負荷の強度を「強」と判断。長時間の過重労働による過労自殺だったと結論づけた。

幸美は川人に初めて会ったとき、世間に公表されない過労死が数多くあることを知らされた。自分の娘と同じように、多くの人が過重な労働で命を失っている。しかし幸美は、そんな過労死の実態を、その時まで知らなかった。

「なんで私は知らなかったんだ。なぜ、もっと過労死のことを知らせないんだ」

幸美は強くそう思った。実名で記者会見して公表することに、まったく迷いはなかった。

二〇一六年一〇月七日、幸美が川人とともに行った記者会見は、その後、政府をも動かす衝撃を与えた。

「かとく」動く

東京・汐留の貨物駅跡地にそびえる電通本社の巨大なビルは、フランスの建築家ジャン・

ヌーヴェルのデザイン。外装にプリントが施され、曇りガラスで覆われているかのような外観を醸し出している。大企業や政党、政府といった名だたるクライアントの「裏方」としての存在感をただよわせながら、決して表には姿を表さない巨大広告会社のつかみどころのなさを象徴するような風貌だ。

過労自殺の記者会見から、一週間後の一〇月一四日朝。電通本社ビルの西側の出入り口付近に、電通社員らに混じって、報道関係者の姿があった。ビル内に入るわけでもなく、どこか所在なさげだ。路上には、ワゴン車が数台止まっている。

午後一時、ゆりかもめの汐留駅方面から、スーツ姿の男たちの列が現れ、電通本社に厳かに入ってゆく。ワゴン車の中から、テレビカメラと照明を担いだスタッフたちが飛び出し、列を囲むようにして、その様子を撮影した。

NHKをはじめテレビ各社の午後のニュースで、映像が一斉に流れた。

違法な長時間労働の調査を専門に行う厚労省の「過重労働撲滅特別対策班」、通称「かとく」のメンバーら八人が、電通に立ち入り調査に入った事実を伝えていた。

各地の労働局も、全国の主要子会社五社に一八日までに立ち入り調査に入った。

戦後まもなくの一九四七年に制定された労働基準法史上、労働基準監督官による企業への調査が、これほど注目されたことはなかった。まるで、東京地検特捜部が企業に捜査に入るかのような様子に、ある企業の幹部は「ああいう目には遭いたくない」と身構えた。

この前日、安倍晋三・首相は、電通事件について、公開の場で言及している。

「電通の社員の方が過労死、いわば働き過ぎによって尊い命を絶たれた。二度と起こしてはならない。働く人の立場に立った『働き方改革』をしっかりと進めていきたい」

安倍自らが議長を務める「働き方改革実現会議」に関連して開かれた多様な働き手との意見交換会でのことだった。首相が、企業の実名を挙げて、こうした発言をするのは異例だ。

「かとく」は、二〇一五年四月に発足した特別チーム。所属メンバーは労基署が行う日常的な業務はせず、過重労働が疑われる企業を集中的に調査する。ターゲットは全国規模で事業展開する大企業だ。労働基準監督署による監督は、一般的には事業所ごとの案件を調べるが、かとくの特徴は、全国各地の拠点を網羅的に調べること。会社全体の労務管理の実態を解明し、全社的な過重労働の横行を撲滅することを目指している。東京・大阪の両労働局だけにあるチームで、労働基準監督官の中でも選りすぐりの精鋭が集められていると言われる。

労働基準監督官が持つ権限は企業に対して行政指導をするだけではない。労働法の分野では司法警察官としての役割もある。

かとくがターゲットとした企業に対しては、行政指導にとどまらず、企業や経営陣の刑事責任を追及するケースが目立つ。

最初に手がけた案件は靴チェーン店「ＡＢＣマート」の違法残業だ。都内二店舗で横行していた月一〇〇時間前後の違法残業について、東京の「かとく」が二〇一五年七月、店の責任者やチェーンを運営する会社の役員を労基法違反の疑いで東京地検に書類送検した。ディスカウント店を展開する「ドン・キホーテ」の違法残業も立件した。大阪の「かとく」も、全国チェーンの飲食店の運営会社であるフジオフードシステムズとサトレストランシステムズなどを立件した実績がある。

電通への立ち入り調査から三週間後の一一月七日朝、「かとく」のメンバーらの列が再び、電通本社ビル内に乗り込んだ。その様子は再びテレビのニュースで一斉に流れた。労基法違反による、強制捜査だった。かとくが司法権限を行使したのだ。この日は、関西（大阪市）、中部（名古屋市）、京都（京都市）の全国三支社にも一斉に強制捜査に入っている。

電通を刑事事件の被告として立件する。そんな方向性を厚労省ははっきりと打ちだした。

国策捜査?

一〇月七日の記者会見、その一週間後の一〇月一四日に立ち入り調査、その三週間後の一一月七日に全国一斉強制捜査。電通への捜査は、一か月で急速な進展を見せた。異例のスピードだったと言っていい。違法な長時間労働について労働局が調べる際、立ち入り調査に着手してから強制捜査まで通常、数カ月はかかる。ところが、電通のケースでは一か月弱。労働基準監督官の経験がある厚労省職員は「こんなに早く展開するとは、さすがに驚いた」と話す。

捜査は、安倍政権が進める「働き方改革実現会議」の進行と歩調を合わせるかのように進んだ。一回目の実現会議は九月二七日。二回目が一〇月二四日。その間、かとくによる立ち入り調査の前日には、安倍が出席した働き手との意見交換会も開かれている。「働き方改革」の二本柱のうちの一つが長時間労働の是正だった。その具体策が、それまで青天井だった三六協定に罰則付きで上限を設ける規制。経済界の反対で実現してこなかった規制だが、安倍は「働き手の視点に立つ」という姿勢を繰り返しアピールしていた。当時、霞が関では「電通がスケープゴートにされている」といった見方がさかんにされた。

「かとく」が電通に強制捜査に入る映像はテレビで繰り返し流れた。長時間労働やサービス残業を放置すると企業は大変な目に遭う――。そんな印象を企業側に強く与える効果があった。それは「働き方改革」という言葉が急速に広まる過程でもあった。「国策捜査」ではないか、といぶかる声が出るのは、こうした背景があった。

しかし、捜査側からすれば、電通は、この時すでにマーク中の「札付き企業」だった。

電通では、高橋まつりの前にも、男性社員が過労死している。亡くなったのは二〇一三年六月。三〇歳だった。くも膜下出血で倒れ、一〇日ほど後に息を引き取った。営業担当でリーダー的な立場だった。発症一か月前の時間外労働は一〇〇時間近くになっていた。

遺族が労災申請したのは二〇一六年春ごろ。高橋幸美が、まつりの労災を申請した日の少し前だった。

労災申請が相次いだため、東京労働局は二〇一六年五月に電通本社に立ち入り調査に入っている。

三田労働基準監督署は七月、男性が死亡したのは長時間による過重労働が原因だったとして労災と認定した。その後、九月には高橋まつりの自殺が労災認定された。

その前年の二〇一五年八月には社員に対して違法な残業をさせていた労基法違反で、三田労働基準監督署が電通本社に是正勧告を出している。

それ以前の二〇一〇年と二〇一四年にも、中部支社と関西支社が違法残業で是正勧告を受けていた。

労働基準監督署が再三にわたって是正勧告を出していたにもかかわらず、過労死が二件相次いだ。厚労省はこうした事実を把握した上で、電通に対する調査を進めていた。

それでも一〇月の記者会見以降の捜査のスピードは速かった。特に、一一月七日の強制捜査に対しては、違和感を隠さない労働基準監督官もいた。

「電通は、監督署の監督指導に協力していた。証拠書類やデータの提出を拒む恐れや、隠蔽する動きもない中で、強制的に捜査に入る必然性はないはずだ」と、ある監督官は不思議がった。

ある厚労省幹部は、かとくが電通に立ち入り調査に入った際、こんなことをつぶやいた。

「この案件は、すっごい上の方から降りてきた」

目には見えないが、大きな「意向」が働いている雰囲気が濃厚だった。

逆ギレする広報

一〇月七日以降、電通本社は対応に追われた。しかし、記者会見を開く動きはなかった。電通が過去に受けた行政指導や過労死事案を巡って報道が相次いだが、広報担当者の対応はかたくなだった。電話で問い合わせをしても、「質問はファックスかメールで」と対応し、口頭では絶対に回答しなかった。質問を送っても「回答は差し控える」という内容が多かった。

例えば、千葉が、二〇一五年八月に是正勧告を受けたことが事実か、事実ならばどんな内容かと質問した時はこんな対応だった。

「事実です」とは回答がくるものの、「個別事案の詳細についてはお答えしかねます」。それ以外にも是正勧告があったか聞くと、「現在確認中」。それから約六時間後に「二〇一四年六月に関西支社でも是正勧告があった」とメールが来る。

再びメールで、「ほかにも是正勧告がある可能性はあるのか」と質問すると、「二〇一四年から二〇一五年八月は、この二件のみ」と回答がきたので、「二〇一四年以前と、二〇一五年八月以降は、是正勧告があった可能性があるのか」と再び質問すると「調査が必要」。

話した方が早いので電話をしても、「メールで」の一点張り。こんなやりとりが延々と続いた。

結局、二〇一五年八月以降については、「労働基準監督署の調査に協力しており、回答を差し控える」という回答が来た。そこで千葉は、「二〇一四年〜二〇一五年八月については回答できて、二〇一五年八月以降は、回答できないというのは不自然ではないか」とメールを送った。

すると、電通の広報と名乗る女性から電話があった。女性社員は大声でこう言い放った。

「あなた、どういうつもりなんですか。こんなこと言ってくるのあなただけですよ。こんなことにいちいち答えていたら、何を書かれるか分からないし、こちらにはメリット何もありません」

千葉が「メールで質問と言われたから、疑問点をメールで質問をしている。まずは、こちらの質問に答えてほしい」と言っても、「答える必要はないと思います」と断言した。「なぜ」と聞いても、「必要ないからです」としか言わなかった。

別の担当者に替わってもらうよう何度も依頼したが、「それは難しい」の一点張りだった。

取材に対応する広報の責任者は、コーポレートコミュニケーション局長の河南周作だった。本書を書くにあたって、あらためて河南に取材を申し込んだが、「社内調整がつかない」との理由で実現しなかった。

電通は一〇月二四日、本社ビルの午後一〇時消灯を社員に通知。午後一〇時までの社内からの「完全撤退」を実施することになった。

強制捜査が入った一一月七日には、石井直社長が本社内のホールで社員向けに「メッセージ」を読み上げた。高橋まつりの過労自殺が明らかになった後、石井社長が自分の言葉で社員に説明するのは、これが初めてだったとみられる。

一一月一日には、国が「働きやすい企業」だと認めた企業にあたえる「くるみん」マークを、東京労働局に返上した。社員が相次いで過労死している電通を「働きやすい」と認めていた「くるみん」制度の信頼が揺らぎ、後に認定制度の在り方が見直されるきっかけとなった。

送検、その日に辞任表明

二〇一六年一二月二五日、クリスマス。高橋まつりの命日を迎えた。

まつりの母、幸美は命日に合わせて厚労省記者クラブに「手記」を寄せた。

「深夜の仕事が、東京の夜景をつくる」

朝日新聞は二五日付朝刊一面トップで、生前のまつりが幸美に語ったという言葉を見出しに取り、東京の夜景の写真とともに幸美の手記全文を掲載した。

この頃、報道の焦点は、捜査の次の山場となる書類送検のタイミングだった。通常、クリスマスを過ぎると捜査は年末年始モードに入る。千葉は、書類送検は年明け以降だと考え始めていた。

一二月二〇日には、「働き方改革」の焦点の一つ、「同一労働同一賃金」ガイドライン案が公表され、取材も一息ついていた。「あとは、年末の省庁予算の取材を乗り切るだけだ」。千葉はそう思っていた。

そんな緩んだ気分は、一二月二七日夜、NHKが流した速報で吹き飛んだ。

「電通、書類送検へ」

千葉が連絡を電話で受けたのは、午後一一時前後。なんとしても朝刊に記事を入れなければならなかった。千葉は同僚の河合達郎と手分けして関係者にあたった。

翌日、東京労働局で書類送検の記者会見が開かれた。説明するのは樋口雄一・東京労働局監督課長。「かとく」の責任者でもある。

午後三時半からの会見は、東京労働局の異様な対応ぶりが際立っていた。

配布された記者発表資料は、「発表」の内容を十分に説明したものではなかった。

「違法な長時間労働で書類送検」と題されたA4判の紙に、電通が「労働者一名に対し、三六協定の限度時間を超えて、平成二七年一〇月一日~同年一二月三一日までの間に、違法な長時間労働を行わせた」とだけ概要が記されていた。被疑者は「株式会社電通ほか一名」とあるだけだ。

違法な長時間労働が何時間だったのか。「労働者一名」の所属はどこなのか。

労働局が書類送検を公表する際の資料に書かれている最低限の情報が、ほとんど書かれていなかったのだ。会見の冒頭で資料を配布しただけで説明はなく、報道陣の質問だけを受け付けた。

出席した記者は、最低限の情報を確認するための質問から始めた。「労働者二名」のうち一人は高橋まつりで、被疑者がまつりと同じ部署の上司だったことは明らかにされた。

質問が集中したのは「なぜこの時期に書類送検したのか」という点だ。

樋口は「注目度ですとか、事案の重大性にかんがみまして、送致できるものからただちに送致する、といった観点から行った」と説明した。

送致できるものから送致することが、なぜ事案の注目度や重大性に関係するのか。当然の疑問に対して樋口は「捜査をやった上で早期に一定の形でもってやりたかったという東京労働局としての判断でございます」と回答した。

驚くべき発言が飛び出したのはその後だ。「東京労働局がやりたかった」と判断した背景に安倍政権が進めている「働き方改革」があるのか、との質問に「そういった動きも社会的な関心の高さにつながっているものだと思う」と述べたのだ。政権の意向が捜査に影響したことを認めたと捉えられかねない発言だった。

電通で過労死が相次いだことが「重大性」の要因なのか、という質問には、「なかなか答えづらい」とした上で、樋口は「今回のことに関してはまさに高橋まつりさんのことが大きかった」と説明した。二日前の命日を意識したのか、との質問には「ないわけではない」

とも答えた。

過少申告の指示があったのか。労働時間をどのように認定したのか。こうした肝心な点については「捜査中」を理由に回答を拒んだ。

その上で、電通の違法残業について「全容解明を目指す」と断言した。厚労省が書類送検をするタイミングを重視したのは明らかだった。


これで終わるかと思われた午後五時前。電通が、石井直社長が出席して記者会見を開くと通告してきた。一〇月の事件発覚以来、トップが初めて公に姿を現すことになる。書類送検のタイミングでの会見となれば、焦点は石井の進退だった。

記者会見は東京都内で午後七時から始まった。

「前途ある社員が亡くなるという悲しい事態が発生した。新入社員の過重労働を阻止できなったのは慚愧に堪えない」「経営を預かるものとして重く厳粛に受け止めている。あらためて高橋まつりさんのご冥福をお祈りいたしますとともに、社会に対して心よりお詫び申し上げる」。石井は冒頭、こう話して頭を下げた後、着席した。

石井に続いて労務担当の中本祥一・副社長が、電通が長時間労働を是正するために進めている対応について説明した。

そして、再び石井は「もう一点報告がある」と立ち上がった。

「全責任をとって、来年一月の取締役会をもって社長を辞任したい」

社員の過労死によって、日本を代表する企業のトップの首が飛ぶ。労務管理を怠った企業が危機に追い込まれる事実が突きつけられることになった。

安倍が座長を務める働き方改革実現会議は、年明けから時間外労働の罰則付き上限規制の議論が本格化するスケジュールが決まっていた。そのタイミングでの書類送検、それに呼応するかのような電通社長の辞任表明だった。罰則付き上限規制は、経済界が反対し続けてきた政策である。

ある検察幹部は、「コントロールできない力が働いた」と語った。

別の関係者は「あのタイミングは、官邸の意向だろう」と言った。

電通事件に一貫して関心を持ってきた官邸幹部は、こう言ったと伝えられている。

「世間注目の事件だから、半年たって送る(書類送検する)のでは変だ。馬力をかけてやったということ。これだけ騒がれているのに、『年明けまで待て』とはならない」

安倍政権にとって電通事件の捜査のタイミングが非常に効果的だったことだけは間違い

ない。

「かとくは未熟」

年が明けて二〇一七年一月。この年最初の閣議後記者会見で、塩崎恭久・厚生労働相は電通事件に触れ、「社長一人の辞任で済む話ではない。企業も文化を変えるということで自己完結的な努力をして頂きたい」と厳しい注文をつけた。「引き続き捜査をし、全容解明に向けて厳正に対処したい」とまで言及した。

ところが、年末の書類送検後、電通事件の捜査は表だった動きが見えなくなった。

一方、働き方改革実現会議では年明け以降、時間外労働の罰則付き上限規制の議論が本格化した。神津里季生・連合会長の「一〇〇時間は到底あり得ない」発言以後、約一か月の労使の神経戦を経て、「月一〇〇時間未満」などの上限規制が事実上決まった。三月には「働き方改革実行計画」が決まり、官邸ベースでの議論は一区切りがついた。

厚労省が新たに電通社員の書類送検を公表したのは、実行計画が発表された翌月の四月二五日だった。労働基準法違反の疑いで書類送検したのは、文社の幹部三人。

「かとく」を指揮する樋口雄一・東京労働局監督課長は前年末の会見で、電通の違法残業について「全容を解明する」と豪語していた。

そのための捜査は、本社だけで約六〇〇〇人になる社員の労働時間を一年半分すべて調査するという、労働事件史上、空前の規模で進められていたはずだ。

ところが、その結果は全容解明にはほど遠かった。

樋口は会見で、立件には至らなかったものの違法残業の疑いが九部局計一二人に上ったとして「検察に資料を送付した」と説明した。しかし、この部分は立件の対象ではない。立件対象が少人数にとどまったことについて、樋口は「証拠を総合的に勘案した」と苦しい説明に終始した。会見後、報道陣に囲まれると、思わず「悔しいですよ」と本音を漏らした。

厚労省と検察の間では、当初から捜査方針の考え方にギャップがあった。

前のめりだったのは厚労省側だ。検察関係者は「厚労省は当初、役員クラスの立件も視野に入れていた」と明かす。

押収した膨大な資料の分析には想定以上の時間を要したという。捜査関係者によると、入場ゲートの入退館記録、パソコンのログの記録、メールのやりとりといったデジタルデータの詳細な解析に加え、「この日、この時間は何をしていたか」を調べる事情聴取も詳細に実施した。

しかし、「かとく」がこれまで手がけた事件とは、ハードルの高さが全く違った。労働時間は「使用者の指揮命令下に置かれている時間」であるという考え方は確立している。違法性の立証には、部下を「働かせた」という上司の認識を裏付ける必要がある。「かとく」が電通より前に手がけた事件は、ファミリーレストランや靴チェーン店など、すべて店舗型。労務担当者が社員と同じ店内にいて、労働時間を把握しやすい。

これに比べて、電通では、社員が外回りに出たり、社内で業務外のことをしたりする時間帯が多い。仕事の進め方が社員に任されていることが多く、どこからどこまでが「指揮命令下」なのかを明確にするのが難しかった。

直属の上司よりさらに上の幹部や役員の立件は一段とハードルが高い。個々の社員の業務実態を認識していたという立証が難しいからだ。検察側は当初から「現場を手堅く立件する意識だった」(捜査関係者)という。

検察内部には、「かとく」の捜査能力を「未熟」と見る向きもあった。ある検察関係者は「捜査能力がまだ未熟なのに、『かとく』は過大な期待を背負わされた。三歳児が象に立ち向かうような捜査だった」と表現した。

七月五日、東京区検は法人としての電通を略式起訴した。厚労省が書類送検した社員四人は、全員不起訴(うち起訴猶予一人)だった。

裁判、一転公開へ

この後も電通事件は異例の展開が続いた。

略式起訴から一週間後の七月一二日、東京簡裁は電通を略式起訴とした東京地検の処分を「不相当」と判断し、正式な刑事裁判を開くことを決めた。

司法統計によると、二〇一五年度に略式起訴された刑事事件約二七万件のうち、裁判所が「略式不相当」や「略式不能」と判断したケースは、わずか五五件、〇・〇二%しかない。極めてまれな判断だった。

違法残業事件の刑罰は最大でも罰金三〇万円か懲役六か月。刑事事件になっても、検察は起訴猶予か略式起訴にとどめ、裁判所も略式命令を出し、公判も開かれずに終わるケースが大半だ。

ただ、「かとく」が立件した案件では、二〇一七年に大阪簡裁が「略式不相当」を相次いで出し、二件が正式裁判になっている。飲食店チェーン「サトレストランシステムズ」（本社・大阪市中央区）と、スーパーを展開する「コノミヤ」（本社・大阪市鶴見区）の労基法違反事件である。両方のケースとも、法人の代表として社長が出廷し、被告人質問や証拠調べが行われた。ただ、この二つのケースを判断した裁判官は同一人物。司法関係者の間では「属人的な判断」との見方もあった。

東京簡裁の「略式不相当」は、大企業による労働事件の正式裁判の流れをより強める可能性を示していた。

九月二二日午前一一時前、東京簡裁で開廷した初公判に、黒のスーツ姿の山本敏博・電通社長が入廷した。山本は石井の後任として社長に就任した。

傍聴席の最前列の席には、高橋幸美と代理人の川人博が座っていた。山本は、傍聴席に深く一礼した。

冒頭陳述で検察官は、「被告会社では『クライアント（顧客）ファースト』として、困難な業務であっても引き受け、深夜残業や休日出勤もいとわないという考え方が浸透していた」と指摘した後、認定した事実を説明した。

二〇一四年六月に関西支社（大阪市）が労働基準監督署から是正勧告を受けると、労務担当の副社長らは「違反業者として社名を公表され、官公庁の入札指名停止処分を受けることになりかねず、「ひいては東京オリンピック・パラリンピック関連業務を担当する機会を失うのではないかとの危惧を抱いた」。関西支社の六倍以上の六千人の社員を抱える東京本社が二〇一五年八月、違法残業で労基署から是正勧告を受けると、繁忙期に適用する三六協定の上限時間を最大七五時間から最大一〇〇時間に引き上げた。

これは、正式裁判が開かれたことで初めて明らかになった事実だった。

この措置について検察側は論告で「形式的に違反の解消を図ったにすぎず、労働環境の改善とはむしろ逆行する小手先だけの対応」と厳しく指摘。社員四人の違法残業に関する起訴内容は「氷山の一角」で、「常習的犯行である点でも刑事責任は軽視できない」とした。こうした犯罪が厳しく処罰されることを社会に知らせて、「同種の犯罪の発生を防ぐ観点も考慮する必要がある」とも指摘した。

検察側の被告人質問では、山本が証言台に立った。

検察官　法人が起訴されて裁判所で審理される。代表者としてどう思いますか。
山本　是正勧告を複数回受けていたのに改善できずこのような事態を招いてしまった。特に、高橋まつりさんの尊い命を失った責任は極めて重い。ご本人、ご遺族に改めておわびします。
検察官　電通でなぜ、違法残業を防げなかったのか。
山本　仕事に時間をかけることこそサービス品質の向上、顧客の要望に応えることだと思いこんでいた。業務時間の管理と顧客サービスの品質向上は矛盾するという固定観念を放置したまま対策をとろうとしたことが最大の原因と考えています。

山本は、こう続けた。

「かつての考え方を根本的に改めます」「すべての業務を見直し、やめるものや縮小するものなど無駄を省いている。社員すべてが健康でいることが中長期的には顧客の期待に応えることだと考えています」「(今後は)サービス品質や業績など他のことを犠牲にしてでも、時間管理を優先します」

判決公判は、一〇月六日に開かれた。判決は、検察の求刑どおり、法人としての電通に対して罰金五〇万円を言い渡した。

菊地努裁判長は、判決言い渡しの後、山本にこう諭した。

「被告会社は、過去にもこの点を指摘され、改善されなかったいきさつがあります。働き方改革がどのように実行されていくか、疑問を持っている人もいます。電通は日本を代表する会社、業界を代表する会社の一つです。ぜひ、社会的役割を果たしてもらいたいと期待します」

公判は約二〇分で閉廷した。山本は法廷を去る前に、傍聴席の幸美に頭を下げた。幸美は山本をじっと見つめていた。

幸美が記者会見して、娘の過労自殺を公表したのはちょうど一年前の一〇月七日だった。同じ厚労省記者クラブで、幸美は川人とともに記者会見に臨んだ。

「まつりに生きてかえってきてほしい、生きてかえってきて、と言いたい。それしかない。どうしてまつりじゃなければならなかったのか。世の中をかえたのが、どうしてまつりの死でなければならなかったのか。まつりのことを語るとき、生きているのではないかといまでも思う。本当に会えなくなったこと、いまだに受け入れることができない。遺族に発言する場が与えられることはなく、(会見をすることが)社会への問題提起になると思っている。労災認定されて記者会見を受けようと決めたときから、ずっとそうだったし、一年たった今、きょう、この日も、そのことを強く感じている。ですから、本日も、激しい、強い怒りを持って、自分の声で発言することが使命ではないかと。(電通のことは)にわかに、信用しておりません。社会全体で関心を持っていってほしい」

時折涙ぐみ、ペーパーを持つ手は震えていたが、会見の後半では笑顔も見せた。一年前よりもその表情は柔らかくなっていた。

ただ、判決が罰金五〇万円だったことについては、強い口調でこう言った。

「労働基準法違反により労働者が死亡した場合の罰則が強化されるよう法律の改正を望みます」

電通事件の宿題

電通に対する判決は、罰金五〇万円だった。しかし、国内最大手、売上高約五兆円の広告会社に科された罰則として相当なものだったろうか。

労働基準法は違法残業をさせた個人について、懲役六か月以下または罰金三〇万円以下の刑罰を定めている。違法行為をした個人が属する企業に同額の罰金を科す「両罰規定」と呼ばれる条文があり、今回の判決ではこの条文が適用された。

違法残業をさせられた社員は四人で、検察側が立件した罪の数は四つ。法人の電通に科せられる罰金は最高で三〇万円×四＝一二〇万円となるが、検察側の求刑は五〇万円だった。刑事訴訟法は、簡裁が略式命令で科せられる刑罰は一〇〇万円以下の罰金か科料に限ると定めており、求刑もこの範囲に抑える必要があった。過去の違法残業事件では罰金五〇万円の判決が多く、検察側はこうした例も考慮して求刑を決めたとみられる。簡裁は他の事件との均衡も勘案して求刑どおりの判決とした。

ただ、労基法と同じように企業に対する「両罰規定」を持つ金融商品取引法と独占禁止法は、罰金が億円単位になる。企業犯罪を巡り「企業に対する罰金額が低すぎるのではないか」という議論は過去にもあり、罰金額が引き上げられてきた経緯がある。

一九九〇年代、大手証券会社による損失補塡問題が社会を揺るがした。当時の証券取引法（現在は金融商品取引法）は両罰規定により、法人が科せられる罰金の最高額を個人と同じ三〇〇万円と定めていた。独占禁止法も法人の罰金額は個人と同じ五〇〇万円が最高だった。これでは、「刑罰としての効果がないのでは」と問題視された。

法務省の法制審議会刑事法部会は一九九一年、「両罰規定の在り方」について見解をまとめ、「法人に対する罰金額を個人に対する罰金額に連動させなければならない必然性はない」と結論づけた。刑罰には「痛み」が必要で、個人より大きな資力を持つ法人の罰金を資力に応じた額にすることには合理性があるとの考え方が前提にあった。

一九九二年に証券取引法が改正され、法人に科せられる罰金の最高額は一〇〇倍の三億円に引き上げられた。同じ年に独占禁止法も改正され、法人の罰金は最高一億円になった。その後、罰金額はさらに引き上げられ、現在の最高額は金融商品取引法が七億円、独占禁止法は五億円になっている。

一方、労働基準法は、犯罪行為をした個人に一義的に責任があるとして処罰する「行為者処罰主義」を採用していて、両罰規定の見直しが本格的に議論されたことはない。労基法違反の企業に対する「罰則の軽さ」は、置き去りにされた論点だ。

正式裁判になったにもかかわらず、結局追及されなかった点もある。残業時間の「過少申告」の実態だ。残業時間を少なくさせる意図を持って社員に過少申告を指示していたとなれば、悪質性はより高くなる。

「六九・九時間」「六九・五時間」「六九・八時間」。高橋まつりが二〇一五年末に亡くなる前の三カ月間、会社に自己申告した所定時間を超える残業の記録は、時間外労働に関する労使協定「三六(サブロク)協定」の月間の上限値(所定外で七〇時間)ぎりぎりに収まっていた。労働時間を社員に過少申告させ、長時間労働を隠蔽する行為が社内で横行していた可能性が高い。

九月二二日の初公判で検察側は「労働者は申告できない、いわゆるサービス残業を余儀なくされた」と指摘したものの、具体的手法には言及しなかった。一〇月六日の東京簡裁判決も過少申告に触れていない。

世間を揺るがした電通事件は、宿題を残したまま幕を下ろした。

第4章 連合の苦悩

神津里季生・連合会長（写真左）、逢見直人・連合事務局長（写真右）

エグゼンプションの再来

働き方改革実行計画が二〇一七年三月二八日に決まった後、議論の舞台は労働政策審議会に移った。労働基準法については労働条件分科会、労働安全衛生法については安全衛生分科会など、それぞれの法律を担当する分科会で議論が進んだ。「同一労働同一賃金」は、労働契約法、パートタイム労働法、労働者派遣法にまたがり、本来の担当分科会とは違って同一労働同一賃金部会が設けられた。各分科会や部会での議論は、大きな混乱もなく進んだ。すでに骨格は働き方改革実現会議で労使のトップが合意しており、実務担当者が出席する労政審で反対の声が上がるはずがなかった。

問題は、二〇一五年労働基準法改正案に入っていた高度プロフェッショナル制度（高プロ）と企画業務型裁量労働制拡大の扱いだ。実行計画には、改正案の早期実現を図ることが明記されていたが、実行計画の法案化との関係は明確にはなっていなかった。

高プロは、一定の条件を満たすホワイトカラーを完全に労働時間規制の枠外におくもの。アメリカにあるホワイトカラー・エグゼンプション（WE）に似ている制度だ。

こうした制度の導入が試みられるのは、二〇一五年労働基準法改正案が初めてではない。二〇〇七年にも、当時の安倍政権が、「自己管理型裁量労働制」として法案化をはかり、労政審の建議まで進んだ。しかし、この時は「残業代ゼロ法案」「過労死促進法案」などの批判が強まり、閣議決定段階で見送られた。

二〇一二年末に第二次安倍政権がスタートすると、いずれ同じような議論が始まることが予想されていた。

最初に議論されたのが国家戦略特区だ。二〇一三年秋に、法定労働時間を超えて働かせても割増賃金を必要としない制度が特区として提案されたが、厚生労働省の強い反対で見送られた。「雇用は特区になじまない」というのが厚労省の基本的スタンスだった。

次に動いた規制改革会議は、二〇一三年一二月五日、労働時間と賃金とを切り離して考える「新しい働き方」の制度づくりを提言した。雇用ワーキンググループ（座長・鶴光太郎慶應義塾大学教授）がまとめた案が基本で、健康への配慮から労働時間の上限や休日の取得などの「歯止め」もセットにするよう求めていた。

二〇一五年労基法改正案に直接つながった動きは、産業競争力会議から始まっている。はっきりしてきたのは二〇一四年春ごろだ。

四月上旬、内閣府で産業競争力会議の関係者による「労働時間制度に関する非公式会合」

が開かれた。そこで民間議員の一人、長谷川閑史・経済同友会代表幹事が示したのが「スマートワーク」と名付けられた新しい労働時間制度だ。

提案された制度にはA型とB型があった。A型は労使合意を前提に、一般社員を対象にしたもの。B型は高年収の労働者を対象にしたもので、いずれも従来の労働時間規制や割増賃金規制はかからない。出席していた厚生労働省の担当者は「裁量労働制やフレックスタイム制もある」と抵抗を示した。

長谷川の提案が公になったのは四月二二日に開かれた経済財政諮問会議と産業競争力会議の合同会議。「スマートワーク」という言葉はなかったが、二つのタイプがそのまま提案された。

長谷川らの提案を受けて、議長を務める安倍は「時間ではなく、成果で評価される新たな仕組みを検討してほしい」と指示したが、田村憲久・厚生労働相は「労使関係では企業の力が強い」と新制度への懸念を示した。

政府内の調整は難航し、五月二八日の産業競争力会議で長谷川らは修正案を出した。この日、安倍は「働き手の数が限られるなか、成果で評価される新しい労働時間制度の選択肢を示す必要がある」と一歩進んだ指示を出した。

新制度創設の動きを止められないと判断した厚労省側は、年収要件をかけて対象を限定する方針に転換する。協議は閣僚レベルで進んだ。

六月一〇日、甘利明・経済再生相は産業競争力会議後の会見で「誤解や不安を与えないため、明確に高い賃金水準を設ける」と述べ、対象者は業種を限定せず、年収一〇〇〇万円以上の高年収者に絞り込むことで、田村と最終の協議をしていることを明らかにした。六月一一日夕には官邸で菅義偉・官房長官ら関係大臣が集まり、大筋で合意。田村は会合後、「少なくとも対象者が年収一〇〇〇万円を割り込むことはなくなった」と話した。

新制度の創設は、二〇一四年六月二四日に閣議決定された「『日本再興戦略』改訂二〇一四」に入った。

この間、労働政策の決定で重要な役割を果たすことが期待されている連合は、蚊帳の外だった。規制改革会議にも産業競争力会議にも連合は参加していない。当時事務局長だった神津の名前で「極めて遺憾」とする談話を発表するのが精いっぱいだった。

その後、議論は労働政策審議会に移った。労働基準法を担当する労働条件分科会では、労働側委員は新制度の創設に強く反対したが、すでに閣議決定された方針を覆すだけの運動も政治的エネルギーもなかった。

労働政策審議会は二〇一五年二月一三日、高年収の一部専門職を割増規制の外に置く新しい労働時間制度を「高度プロフェッショナル制度」として創設する報告書をまとめた。二〇一五年三月には法案要綱が労働側反対のまま答申され、四月三日に閣議決定された。

この高度プロフェッショナル制度が、二〇一七年七月以降、連合の迷走をもたらす原因となる。

三役集中審議

「寝耳に水だ」

二〇一七年七月八日、東京・神田駿河台にある連合会館の一室で行われた「三役集中審議」。連合を構成する労働組合の産業別組織（産別）のトップ十数人が集まった。主要産別のトップは副会長でもある。神津里季生・会長や逢見直人・事務局長ら事務局側の提案に、参加した主要産別トップは目を疑った。配られた資料には、連合が「残業代ゼロ制度」として強く反対し、政府が国会審議を先送りしていた高度プロフェッショナル制度（高プロ）の創設と、裁量労働制の拡大についての修正案が書かれていたからだ。

この二つは、二〇一五年四月に閣議決定された労働基準法改正案に入っていた内容だ。その後、国会で長く棚ざらしになっていたが、二〇一七年三月二八日に決まった働き方改革実行計画では、「早期実現を図る」と記されていた。実行計画が法案化された場合、どのように扱われるのか。この時点でははっきりしていなかったが、秋の臨時国会で焦点の一つになることが予想されていた。

説明したのは村上陽子・総合労働局長。村上は連合で労働法制を担当している。

村上は、連合から政府に修正を申し入れる予定であることを告げた。

修正案の内容はこうだ。高プロについては、年一〇四日の休日取得を企業に義務づけた上で、①労働時間の上限を設定、②終業から始業まで一定の休息を確保する「勤務間インターバル制度」の導入、③二週間連続の休日取得、④臨時の健康診断——の四つの追加的な働き過ぎ防止措置の中からどれか一つを選んで実施を求めるものだ。

裁量労働制の法人営業などへの拡大についても、商品を販売する一般の営業職は明確に対象外にするという内容だった。

政府案では、高プロを導入する場合、年一〇四日の休日取得、労働時間の上限設定、勤務間インターバル制度のうちのどれか一つを選ばせるものだった。

連合の修正案は年一〇四日の休日を義務付ける一方、それ以外に臨時の健康診断を実施すればＯＫになる。政府案でも多くの企業は一〇四日の休日を選択するという見方があった。

裁量労働制での要請内容も、それまでの政府の説明と変わらない。「政府案のほぼ丸呑みに近い内容だった」（出席者の一人）という受け止めも無理はなかった。

淡々と村上が説明した内容はおおよそ次のとおりだったという。

・神津が近日中に安倍に修正案の申し入れをする
・七月一九日にある連合の三役会の前に、申し入れに対する政府の回答が予定されている
・政府の回答を受けてから、経団連を含めた三者で政労使合意を結ぶ予定である
・高プロの導入や裁量労働制の拡大は反対だという以前からの連合の方針は変わっていない

「突然言われても組織内に説明がつかない」

「なぜ組織内部に諮らずにこんな大事な内容を決めるのか。急ぐ理由がない」

安倍政権に批判的な姿勢を示すことが多い自治労、情報労連といった旧総評系の産別に加え、自動車総連など大産別のトップからも反発する意見が出た。

三役集中審議は四半期に一度開かれる。主要産別のトップと連合の事務局幹部が中長期的な連合の方針について議論する場だ。重要事項を決める連合の執行機関は中央執行委員

会や三役会で、他の産別も参加してほぼ毎月開かれる。集中審議で何かを決めることはほとんどない。

まして、何かを決めるときには事前に主要産別に根回しをして、全会一致で決まるように落としどころを探っておくのが通例だ。参加者の耳に入っていない重要議題が提起されることも異例、多くの反発がでるのも異例中の異例だった。

産別トップたちの反発に事務局側は淡々とこう切り返し、議論を引き取った。

制度自体に反対する方針は従来どおりなので、三役会や中央執行委員会での決議も必要ない。今の巨大与党対野党の構図では、法案が国会に提出されてしまえば審議で修正するのは難しい。早い段階で要請をした方が労働側にとって有利な条件が引き出せる——。

参加者の一人は、直後の取材に憤りを隠さずこう話した。

「事務局は、完全にストーリーを固めてから議題にしてきた。政府と組んだ出来レースだ」

高プロをめぐる政府と連合事務局の折衝は、働き方改革実現会議で時間外労働の罰則付き上限規制の水準を決めた二〇一七年三月末から水面下で続いていた。

成田合宿

異例の三役集中審議から二か月近くさかのぼる二〇一七年五月下旬。連合の副事務局長や総合局長など、事務局の幹部十数人が千葉県成田市のホテルに集まり、泊まりがけの役員会が開かれた。事務局長の逢見の呼びかけだった。

一〇月には二年に一度の定期大会が予定されていた。その定期大会で提案する運動方針の作成に向けて、今後取り組むべき課題についてざっくばらんに意見を言い合う、という趣旨だった。

用意された議題を終えると、村上がおもむろに切り出した。

「高プロで、政府と修正協議をしています」

修正の詳細は明らかにされなかったが、官邸に修正を要請して政労使合意を結ぶというアイデアが説明された。

それまで連合は「過労死を増やす」と高プロに反対してきた。出席者によると、唐突な報告にその場はシーンとなったという。そして、「組合員に説明がつかない」と異論が上がった。「国会に出されたら修正できない。少しでもましな制度にするためだ」との説明にも、「賛成したと受け取られる」などの意見が続いた。

一時間超に及んだ議論で明確な結論は出なかったが、その後も官邸との修正協議は続けられていた。

官邸側と協議をしていたのは、逢見と村上。働き方改革実現会議でも、この二人が中心となって時間外労働の罰則付き上限規制を巡る経団連との交渉を担当した。

協議のきっかけは三月末、上限規制を「月一〇〇時間未満」などとすることを書き込んだ「働き方改革実行計画」に、高プロや裁量労働制の拡大についても「早期成立をはかる」と明記されたことだった。政府は、連合が要望してきた罰則付き上限規制と、連合が反対していた高プロとを一つの法案にして国会に提出することにこだわっていた。

協議を知る連合関係者によると、官邸側では働き方改革実現会議を取り仕切った新原浩朗・内閣府政策統括官が動いていた。この関係者によれば、連合側は当初、一〇四日の休日取得に加えて勤務間インターバルの義務化を求めたが、官邸側がこれを拒否したという。その後、追加の健康確保措置に二つの選択肢を加える案が浮上。並行してやりとりしていた経団連と連合とで「二週間連続の休日取得」「臨時の健康診断」という選択肢を一つずつ持ち寄って、修正案を作ったという。

連合事務局は水面下での修正協議に見通しをつけ、七月八日の会議で満を持して内部に諮った。秋の臨時国会前に働き方改革実行計画に基づく政府の法改正案が閣議決定される見通しだったことを考えれば、ぎりぎりのタイミングだった。

神津会長、官邸へ

連合が高プロの修正案を政府に申し入れることは、すぐに傘下の産別や組合、地方連合会に伝わった。七月八日の集中審議以降、報道各社も続々と報じ始めた。組織に与えた動揺は大きく、二日後の七月一〇日、連合本部は急きょ翌一一日に傘下産別や地方連合会の代表を集めて、考え方を説明することを決めた。正式な会議ではなく、「中央執行委員会懇談会」という、あくまで意見交換の場という位置づけだった。

懇談会では、逢見が「これまで指摘してきた問題点を文字にしただけで方針の転換ではない」と強調した。加えて、「行動を起こさないまま国会に法案が提出されれば、圧倒的多数の与党によって、高プロが現在の内容のまま成立してしまう」と理解を求めた。トップが参加できずに代理を出す産別も多く、反発が相次ぐようなことはなかったという。

朝日新聞は七月一一日付の夕刊で、「容認に転換も」と伝えた。

「あれだけ反対していたのに受け入れるのか」

連合本部には真意を尋ねる問い合わせが続々と寄せられた。

七月一三日。首相官邸に神津が現れたのは午後五時半過ぎだった。数十人の報道陣が三階のエントランスホールで見守る中、神津は村上ら数人と中に入って行った。

修正案の要請は一〇分強で終わった。政府側の出席者は安倍と塩崎恭久・厚生労働相、加藤勝信・働き方改革担当相。新原の姿もあった。

神津が内容を説明して要請書を手渡すと、安倍は「しっかり受け止めて検討する。この種の内容は政労使合意が必要なので、経団連の榊原会長と三者で合意がはかれるということが望ましい」などと答えたという。

要請が終わった午後六時前、官邸エントランスホールで報道陣の囲み取材に応じた塩崎の表情は明るかった。

「私どもも正面から受け止めて早速検討して答えを出して参りたい。総理も当然同様の考えだ」

一方、塩崎の後に取材に応じた神津の表情は堅かった。約二五分に及んだ記者とのやりとりで、質問は「連合は高プロを容認するのか」「政労使合意で何を合意するのか」に集中した。神津の回答は「制度には反対のまま、修正案について政労使合意を結ぶ」というわかりにくいものだった。

普段の定例会見での神津は、ありきたりの言葉ではなく、自分の言葉で思い切った発言をすることがある。しかし、この時の神津からは、そんな余裕は感じられなかった。

――今回の方針転換について、組織内外から様々な批判が起きている。どう考えているか。

神津「いま方針転換といいましたけれど、これは決して方針転換ではない」「ただでさえ過労死、過労自殺が二日に一件以上ある状況の中で、今の法案がそのまの形で成立してしまうことは、私どもとしては耐えられない。それはできる限り是正をしないといけないというのが連合としての責任ある立場だ」

――きょうの要望で十分なものになったと考えて要請したのか。

神津「そもそも制度として必要なのかということは根底にある。撤回できるのであればそれが一番望ましい。しかし、現実を考えたときに、まず健康管理のところだけはなんとか最低限のものとしてここまではせめてやってほしいというのが私たちの思いだ」

――今回の修正案が呑まれれば、連合としては(法案を)容認するのか。

神津「制度の導入をそもそもするべきではないというスタンスは変わらない」
——要請が受け入れられても反対する可能性があるのか。
神津「（今後出される）法案にはぜひ前に進めるべきだということと、そうではないことが混在している。法案の評価については国会が始まった段階で、それぞれ要素ごとに評価を出す」
——要請が受け入れられれば、法案を受け入れるのではないのか。
神津「部分部分の全体のまとめがひとつのパッケージになる。法案全体についてどう考えるかは、連合のなかで丁寧な議論をして、ほかの関係法案も含めて認識を整理する」
——一般的に修正案で合意した場合は法案に賛成するのが当然かと思うが。
神津「それは政治の世界の話だ」
——いまイメージしている政労使合意とは何を合意するのか。
神津「政府がいったんあずかった話ですから、最終的にどういう形にするかは私が予断を持ってここで語るということにはならない。総理は、この種の話は政労使の合意が基本なので、経団連・榊原会長と政府として対応したうえで、こちらにも連絡はもらうということ」

神津とのやりとりを踏まえ、報道各社は「連合が高プロを事実上容認する」と一斉に報じた。

報道と前後して、傘下の産別をはじめ内外の関係団体からは、連合の方針を批判する声が上がり始めた。

政労使合意の延期

事務局の方針に公然と反対を表明する傘下の組織も出てきた。連合傘下に約五〇ある産別の一つ、全国コミュニティ・ユニオン連合会（全国ユニオン）。所属団体に関係なく個人で加入できるユニオンでつくる組織で、組合員には派遣労働者やパート労働者なども多い。「正社員クラブ」とやゆされることもある連合では異彩を放つ存在だ。

中央執行委員会懇談会があった翌日の一二日夜、全国ユニオンのホームページ上にトップの鈴木剛会長名で連合本部の方針に反対する声明文が掲載された。神津が官邸に修正案を要請した一三日には、この声明文を連合本部に送っている。

声明文には激しい言葉が並んだ。逢見らが今回の方針を「これまで指摘してきた問題点を文字にしただけで方針の転換ではない」「三役会議や中央執行委員会での議論は必要ない」と説明したことについて、「まさに、詭弁以外何物でもない」と批判。修正案の内容やそれまでの経緯に対しても、「手続きが非民主的で極めて問題」「働く者の現場感覚とはあまりにもかい離した行為」「長時間労働の是正を呼び掛けてきた組合員に対する裏切り行為」と糾弾が続く。

高プロに反対する立場で連合と連携してきた関係者にも困惑が広がった。

「話が違う。あり得ない」。寺西笑子・全国過労死を考える家族の会代表は憤った。「神津会長は残業代ゼロには大反対という考えだったのに、急な方針転換だ」。連合の修正内容では過労死を防げないと批判し、「仕事の成果が過度に求められれば、休日確保などの措置をとっても労働者はサービス残業するかもしれない」と懸念を示した。

棗一郎・日本労働弁護団幹事長は「高プロの対象となる人の勤務先は大企業が多く、今でも週休二日の人が多いだろう。一〇四日の休日を義務づけただけでは、効果は疑問。別の手立てが必要だ」と指摘した。

上西充子・法政大学キャリアデザイン学部教授も「連合は『実を取る』と言うが、実質的に容認と変わらない。内部の合意形成もないまま執行部だけで急な動きを見せている。組織として非常にまずい」と手厳しかった。

「労働弁護団や過労死遺族の団体など一緒に反対してきた団体ともすりあわせた形跡がない。今の連合は労働者の代表とは言えない」

それまで国会で高プロに強く反対してきた民進党にも戸惑いが広がった。

七月の東京都議会選挙で自民党が大敗した直後。自民党内には危機感が広がっていた時期だ。ある民進党議員は「『残業代ゼロ法案』を止められるかもしれない。神津さんも逢見さんも政治的センスがゼロ」と酷評した。

蓮舫・民進党代表は七月一三日の記者会見で、この日の朝に神津から「コミュニケーション不足があった」と謝罪の電話があったことを明らかにした。「（政府が再提出する）労働法制の中身が納得できるものなのかは独自の判断をする」とも述べ、連合との距離感をにじませた。政治家と会食を繰り返し、個人的なパイプ作りに熱心だった前任の古賀伸明に比べると、神津の政治家との付き合いは控えめだという。

想定以上の反発を受けて、神津や逢見は釈明に追われた。

官邸での要請から一夜明けた一四日、神津は都内で開かれた産別ＯＢの定期大会に出席した。そこには蓮舫の姿もあった。

神津はあいさつで「共謀罪法案は与党が強引に成立させた。高プロも、ずさんな健康管理態勢のもとで制度が入れられるのではないかと考え、やむにやまれず、せめて年間一〇四日以上の休日は義務づけるべきだと申し出た」と説明している。

一七日、逢見は大阪市で開かれた近畿地方の連合の組織幹部を集めた会議に出席した。出席者からの「唐突感がある」「一般の人に説明・理解を求めるのは時間がかかる」といった意見に対し、「法案についての懸念点を、修正の要望という形で政府に伝えたというのが今回の経緯。そういう経緯について説明をして、いろんな意見をいただいた」などと釈明した。

一八日には民進党が一連の経緯について連合のヒアリングを実施した。連合の立場を説明したのは逢見だ。

座長を務める足立信也・参院議員は冒頭、「寝耳に水だった。国政政党とそれを支援する第一の団体で意思疎通が本当にうまくいっているのか、極めて疑わしい事態だろう」と、連合が「頭越し」に政府に法案修正を要請したことに苦言を呈した。

出席議員によると、ヒアリングでは連合方針への疑問の声が相次いだ。逢見は「今回は高めの球を投げて拾ってもらうのではなく、ある程度、合意を読んだうえで進めた」と述べ、経団連に配慮して修正を求めたことを明らかにした。組織内で方針転換が受け入れられない場合、「執行部は退陣ということになる」とも発言したという。

ヒアリング終了後、逢見は報道陣の取材に応じ、あくまで政労使合意を結ぶ意思を示した。「コミュニケーションギャップがあったのは確か。そのギャップを埋めることは可能だ」と強気の姿勢を変えなかった。

ところが実際には、翌一九日に予定されていた政労使合意が二七日をめどに延期されることが決まった。組織内外からの予想以上の反発で、二一日にある中央執行委員会で合意をとりつける必要があると連合事務局が判断したようだ。事務局の「ストーリー」は修正を余儀なくされることになった。

デモに囲まれる連合本部

異例の出来事が起きたのは、政労使合意が予定されていた一九日の夜。東京・神田駿河台の連合会館玄関前には「関係者以外立ち入り禁止」の掲示が出された。高プロの修正提案をした連合への抗議デモがインターネットで呼びかけられていたからだ。連合傘下でない労組の関係者や市民らがツイッターなどで呼びかけ、「連合は勝手に労働者を代表するな」というキーワードとともに拡散していた。

玄関周辺には、幹部らが警戒のために集まっていた。「労働者の代表」を自認しているはずの連合が、働き手のデモに見舞われる。「いつもは我々が会社に抗議するのに、なんで逆にこんなことになるのか。労使交渉を知らない人間が担当するからだ」。警備に立った関係者はぼやいた。

デモが始まったのは午後七時。「一般の働く人々の権利と生活を守るために動くのが労働組合の役割のはず。連合執行部は今回の一方的な賛成表明を撤回し、存在意義を見せてほしい」。冒頭、マイクを手にした男性は訴えた。

参加者はプラカードやのぼりを掲げ、「残業を勝手に売るな」などとコールを繰り返した。待機した十数人の連合職員が見つめる中、デモが終わった午後九時までに参加者は一〇〇人ほどに膨れあがった。

参加者の多くはツイッターでデモの開催を知り、仕事帰りに集まったとみられる。都内の清掃作業員の男性(五〇)は「労働者に囲まれ、デモまでされる労働組合とは一体何なのか。恥だと思ってほしい」。別の会社員男性(五三)も「一部の幹部だけが勝手に政府と交渉し、話を進めているように見える。一般の組合員は納得していないのでは」と首をかしげた。デモの呼びかけ人の一人は「議論の手続きを含めて、連合は労働者の代表としての自覚を持ってほしい。期待するからこそ、声を上げている」と話した。

ある連合幹部は「普段から連合に批判的な勢力が集まっただけ」と話したが、デモの様子を見に来た連合OBは「こんなことは連合結成以来なかった。このままいくと労働者に見捨てられるという危機感を執行部は持っているのか」と嘆いた。朝日新聞は翌二〇日の朝刊で、連合会館前のデモの様子を報じた。

そんな中でも、連合事務局は二一日の中央執行委員会で政労使合意の「お墨付き」を得る道を模索した。ただ、傘下産別の批判は収まる兆しが見えなかった。

二〇日に東京都内であった、NTTやKDDIなどの労組でつくる情報労連の大会。情報労連は山岸章・連合初代会長の出身母体で有力産別の一つだ。

柴田謙司・情報労連書記長は「組織的な合意形成のあり方が粗雑だ」と指摘したうえで、「虚無感を抱かざるを得ない」と述べた。野田三七生・中央執行委員長も「唐突感に対しては、情報労連の加盟組織や組合員から多くの意見がある」と苦言を呈した。その横には、来賓として訪れていた逢見の姿があった。

この日の夜、神津は民放のテレビ番組に出席することになっていた。テレビ局では多くの報道陣が待っていた。澤路の姿を確認した神津はこう言った。「澤路さん、ちょっとひどいよ」。連合方針に関する報道の内容に、神津はいら立ちを募らせていた。

番組出演後に記者団の取材に答えた神津は、政府から要請に対する回答が来ていることを明かした。「明日は（経緯の）説明を詳しくする」と話し、中央執行委員会の了承を取り付けて政労使合意につなげる姿勢を崩さなかった。

三産別トップの直談判

中央執行委員会は七月二一日の午後に予定されていた。その直前の午前一〇時ごろ。東京・神田駿河台の連合会館前には、連合会長代行でもある川本淳・自治労中央執行委員長、いずれも副会長の相原康伸・自動車総連会長と野中孝泰・電機連合中央執行委員長の三人の姿があった。UAゼンセンに次ぐナンバー2、3、4の規模の産別のトップは、収拾する気配を見せない事態に危機感を持ち、政労使合意を見送るよう直談判するために集まった。旧総評を代表する自治労、自動車総連、旧中立労連の電機連合。考え方やスタンスを異にすることもある三産別トップの直談判。発足以来三〇年近くになる連合の歴史でも前代未聞の「事件」だった。

八階の会長室にそろって入った三人に、神津と逢見が向き合った。三人は、現場の組合員たちが動揺している現状や政労使合意をした時の組織への影響や懸念を説明した。そして、今回の政労使合意を見送るよう強く訴えたという。神津と逢見からは明確な回答はなかった。だが、連合の屋台骨を支える三人の訴えで二人の危機認識が高まったことは確実だった。

中央執行委員会は午後一時半ごろから、連合会館二階の大会議室で始まった。会議には産別や地方連合会のトップら七五人が参加。連合執行部を含めると一〇〇人以上が集まった。いつも通りの報告が続いた議事の終盤、高プロの修正案に対する政府からの回答について了承を求める議案が出された。すると、出席した産別や地方組織の代表から反発が相次いだ。

私鉄総連、自治労、JR総連、ゴム連合、全国ユニオンといった大小の産別のほかに、北海道、東北、関東、近畿、四国の各地域の地方連合会など一〇数団体が連合事務局の説明に異論を唱えた。「なぜ組織に諮らずに水面下で交渉したのか」などと、方針転換の経緯や執行部の意図をただす内容だったが、「政労使合意を結ぶべきでない」という明確な反対意見も出たという。

特に地方からの反発は激しかった。「入り口で制度に反対していたのだから、それを突然容認ととれるような行動に出るのは地方にいる組合員に説明がつかない。反対だけど修正に合意では、真意は伝わりません」。連合北海道の代表者は強い口調で反対意見をぶった。連合北海道は、五〜六月に道内一七〇市町村を回るキャラバンを組み「残業代ゼロ法案」と高プロへの反対を訴える運動を展開したばかりだった。

連合島根は一九日付で本部に意見書を提出していた。そこには「十分な組織的議論と合意形成の努力をおこなうべきだ。今回の対応は手続きの面で大きな問題がある」「労働者保護ルールの改悪は認めないという基本的スタンスを堅持すべきだ」など五項目の意見が書かれている。

こうした意見が出る中、事務局は「三役会に対応を一任して欲しい」と呼びかけ、議論のとりまとめに入ろうとした。しかし、「中央執行委員会で了解を得るべきだ」との声が出て議論は終わらなかった。最終的には神津が中央執行委員会で議論を続けることを約束し、その場を収めたという。

執行部が中央執行委員会に提出する議案は、主要産別の現場担当者らが集まる会で何度も表現のすりあわせなどを行った後、最終的に三役会の承認を経て提案される。中央執行委員会で承認されないことはほとんどない。出席者の一人は「事務局は間違いなく政労使合意を結ぶ方向で決着をつけに来ていた。現場の声がそれを押し返した」と話した。

組織内の了解を取り付けたうえで、政府、経団連と高プロの政府案の修正に関する「政労使合意」を二七日にも結ぶという執行部が想定したスケジュールは不透明になった。

中央執行委員会が開かれた日は、委員会終了後に定例の記者会見が行われる。この日は普段よりも多くの報道陣やテレビカメラが参加することが予想されたため、広い会場が用意された。記者会見では、中央執行委員会の議題をまとめた資料が配られる。事務局の提案はほとんど承認されるため、資料は事前に準備されている。この日の資料には、高プロの修正協議を巡る方針も議題として挙げられていた。

記者会見で並んだ神津と逢見の表情はいずれも、こわばっているように見えた。

神津は冒頭で、「『引き続き全体が認識を共有していかなければいけない』と私から発言し、全体で確認した」と議論の経過を説明。連合からの修正要請に対して、「そのこたえがほぼ私どもの趣旨に沿ったかたちで政府からきている」と明かした。

その上で、「政労使合意について文言を含めて見極める必要がある」とし、「(合意の趣旨などを説明する)前文は大事だと思っている。私たちの趣旨にかなうものでなければ結べない」とも述べ、合意に至らない可能性も示唆した。

いつもの会見に比べて、逢見への質問は多かった。政府と交渉した中心人物だとみられていたからだ。

逢見は、民進党との会合で、連合の要請が反映された法案が出された場合に、賛成するよう民進党に要請した事実があるかと問われ、「私から賛成しろと言ったことはない」と否定した。ただし、働き方改革実行計画の内容と一本化した法案になった場合、時間外労働の罰則付き上限規制では前進があることを説明し、「全体像をみて判断してほしい」と発言をしたことは認めた。法案への賛成を促したとも受け取られかねない内容だった。

連合は組織内がまとまらず、事務局への反発は強まるばかり。延期した政労使合意の行方も見通せなくなった。閣僚の一人はこう話した。

「むこうから要請しているのにまとまらないって、おかしいよね」

政労使合意取りやめ

連合事務局は七月二四日、臨時の三役会を二六日夜に、中央執行委員会を二七日朝に開き、その後記者会見をすることを決めた。場所はいずれも札幌市だ。

参加者が多い中央執行委員会はあらかじめ日程が決まっていて、急に召集することは難しい。二六〜二七日は、毎年夏に連合が開く傘下組合の幹部向けセミナーが札幌市で予定されていた。セミナーの参加者は中央執行委員会とも重なる。臨時の中央執行委員会を開くのに都合が良く、二七日に延期していた政労使合意に間に合うギリギリのスケジュールでもあった。

政労使合意に反対する声は続いていた。二六日には、過労死遺族らでつくる「全国過労死を考える家族の会」が政労使合意をやめるよう連合に申し入れた。代表の寺西笑子は二五日午後に神津と電話で話をしたことを明かした。神津は「報道に自分たちの真意が伝わっていない。誤解が誤解を生んでいる。高プロには自分たちも反対だ」と話したという。

二六日の札幌は快晴で過ごしやすい陽気だった。ただ、昼過ぎに札幌駅近くの京王プラザホテルで始まったセミナーは、落ち着かない雰囲気で進んでいった。神津は冒頭のあいさつで一連の騒動に触れて「しっかりスタンスを統一して今後に臨む必要がある」と発言。参加者の多くは、夜に予定されている三役会の行方に気をもんでいた。

午後六時すぎにセミナーが終わると、主要産別のトップら三役会のメンバーが神妙な面持ちで会議室に入っていった。多くの報道陣が部屋の外で待ったが、会議は三〇分ほどで終わった。参加者によると、会議は淡々と進んだという。冒頭で事務局から示されたのは、「政労使合意の締結は見送る」という提案だった。いくつか簡単な質疑応答があった後で、満場一致で了承された。記者の問いかけに多くを語らなかった幹部たちの表情には安堵の色が見えていた。

この結論は二五日の時点で神津が決め、一部の内外の関係者に伝えていたという。ある産別幹部は高ぶりを抑えきれない様子で「最悪の事態は避けられた。相手のメンツを潰したことはあり得ないことだが、いったん要請したのを引き返すのはなかなかできるものじゃない。この決断は評価したい」と話した。別の産別幹部も、「三〇年の連合の歴史の中で、これだけ下から突き上げられて議論を戦わせて結論を決めた局面は初めてだ。内部の意思を確認するという意味では、結果的に良かった面もある」と評価した。

翌二七日朝、臨時の中央執行委員会で政労使合意見送りが正式に決まった。会議の冒頭では神津らが出席者に「みなさんに迷惑をかけて申し訳なかった」と陳謝したという。

この日の昼過ぎにホテル内で行われた記者会見には神津と逢見が並んで登壇。会見の冒頭、神津は政労使合意を見送る判断に至った経緯をこう説明した。

「文言、意味づけ、表現を含めて議論してきたが、合意できる内容に至らなかった。ずるずると引きずってはいけないという認識もあり、判断した」

政府案への修正要求に対する政府の回答の内容がのめないものだという理屈だが、この説明を額面どおりに受け止めることは難しい。高プロの政労使合意に傾きかけた事務局を踏みとどまらせた主な原因は、組織の内外から噴き出した想定外の異論だった。

混乱の発端が、組織内の根回しが不十分なまま修正要請した事務局側にあったのは明白だった。事務局が声高に主張した「修正に合意しながら反対する」という方針への理解は広がらなかった。一連の経緯について反省点を問われた神津は、「日頃のコミュニケーションも含めて、考え方をどう共有するかについては修正しなければいけない」と釈明したが、「報道によって制度を容認したという誤解が広がった」と報道を疑問視するスタンスは変えなかった。

政労使合意見送りが正式に決まったことで、政府は法案策定の動きを加速させる。翌二八日には早速、塩崎恭久・厚生労働相が、高プロと時間外労働の罰則付き上限規制を一本化した労働基準法改正案を秋の臨時国会に提出する考えを明らかにした。連合が要請した修正部分は「総理に提案した事実は変わらないし、大変大事な論点だ。正面から受け止め、今後どう法案に生かすかを考えたい」と法案に反映させる考えを示した。

連合は「法案がどうなるかを見据えたうえで、考え方をはっきりさせたい」(神津)と、最終的な賛否について明言を避けた。これ以降の連合は法案の賛否について動きの鈍さが目立つようになる。

「神津ペーパー」

高プロ騒動が続いた時期、連合にはもう一つの悩みがあった。一〇月の定期大会で決まる執行部の人事だ。

会長、事務局長、副会長ら連合執行部の任期は二年。二年に一度開かれる秋の定期大会で決まる。連合副会長で有力産別のトップでもある八人からなる「役員推せん委員会」が春から本人の意向などを聞いて人選をすすめ、夏ごろまでに推薦者を決める。役員推せん委員会の下には有力産別が分かれて所属するA～Dのグループがあり、役員推せん委員会の案をそれぞれで議論する。

役員推せん委員会と各グループとのやりとりは、合意がとれるまで続く。役員推せん委員会が推薦した人物は、定期大会で行われる役員選挙に立候補し、多数で承認されるのが通例だ。ただし、役員推せん委員会の段階で調整がつかなかったり、推薦された候補者に不満がある立候補者が別に出たりして、選挙になることもある。

連合会長が一期二年で退任したことはない。二〇一五年に就任し、一期目の神津も順当に行けば一〇月の定期大会で再選されると見られていた。

ところが、取材陣に「神津会長が一期での退任の意向を示しているようだ」との話が連合関係者から聞こえてきた。五月中旬のことだ。

取材を進めると、神津が五月上旬に、A4用紙数枚のペーパーを役員推せん委員会に出していたことがわかった。そこには次期執行部についての神津の考えが書かれていた。役員推せん委員会は、そのペーパーをもとに、神津が退任の意向を示していると判断し、各グループでの議論を進めようとしていることも明らかになってきた。神津のペーパーには、おおよそこんなことが書かれていた。

連合の運動を二年間やってきて、ある程度の手応えは感じており、実感したことがある。連合の運動には「顔」が必要だ。会長をやってみて、会長の言葉が取り上げられるのを見てそれを強く感じた。翻って今の産別の幹部にはそういう意味での「顔」がある人が少ない。人事の流動性を早めて、同時に顔のある役員を作って行くことが大事だ。新体制には、「顔」をつくって発信していくことを望む。自分はこの間に、マスコミ、政治家、官界などに人脈を築いてきた部分もあるので、そこは積極的に引き継いでいきたい――。

続投の意向は書かれていなかったが、明確に退任の意向を示す文言もなかった。ただ、「人事の流動性」「人脈の引き継ぎ」など、端々に退任をほのめかしているようにとれる表現があり、多くの人が「退任の意向」と捉えてもおかしくない内容だった。

「神津ペーパー」の内容は連合幹部の間に知れ渡り、神津の退任を当然視する見方が広がっていた。

こうした取材結果をもとに朝日新聞は六月二日付朝刊で「神津会長、退任へ」と報じた。報道が出た日、連合は「方向性を見出すには至っておらず、事実と異なる」などとする抗議のコメントを「連合見解」としてホームページで掲載した。だが報道各社は、続々と神津の退任の意向を報じることになった。

連合は、報道が出るたびに「組織を混乱させるかのような内容の憶測を含む記事が掲載されたことは、極めて遺憾である」などとする見解を出し続けた。

結局、高プロ騒動のあった七月までの二か月間で出した見解は、朝日、読売、毎日、日経、産経、共同、東京の各社に対して計九回にも及んだ。連合のホームページに記録が残る二〇一〇～一六年の報道に対する見解がそれぞれ年〇～二件だったことを考えると、極端に多い。神津の意向が強く反映していると考えられるが、連合が「どの表現が事実とどう異なるのか」「どの内容が臆測なのか」について説明したことはない。

トロイカ案

神津の退任を前提に役員推せん委員会が動いていることが明らかになると、産別幹部や連合ＯＢには神津の意向をいぶかしむ声や、退任を思いとどまらせようとする動きがあった。

ところが、神津は、ペーパーに自分の考えを書いたことを理由に、役員推せん委員会が描く新執行部案に従うという態度をとり、役員推せん委員会のヒアリングにも進退についてそれ以上明言しなかったという。逆に、役員推せん委員会から会長就任への意思を問われた逢見は、会長に就任する意思を示したという。

役員推せん委員会は、神津の退任意向と逢見の会長就任意思を各グループに伝えた。当初は、これを受け入れる意見がある一方、神津の退任には理由がないとして再任を希望する声も少なくなかった。

神津続投への期待感は、逢見の安倍政権との距離の近さを懸念する旧総評系の産別を中心に「逢見会長」に対する慎重論が多かったことが背景にある。実際に、逢見は事務局長に就任する直前の二〇一五年六月、労働者派遣法や労働基準法の改正案に連合が反対する中、安倍と会談し、組織内から「政権の揺さぶりに乗った」と批判されたことがある。

一方、連合事務局長には自動車総連会長の相原が座ることが以前から既定路線になっていた。「逢見会長」以外の選択肢としては、神津を「説得」して会長を続けさせた上で逢見に退いてもらうか、相原の事務局長就任を先送りするしかない。

連合の会長や事務局長の候補者は、主要産別の中で長い期間をかけて育てられ、計画的に連合事務局に送り込まれる。そうした現実がある以上、既定方針を変えるのは簡単ではない。時間がたつにつれ次第に逢見会長─相原事務局長に傾くグループが増えてきた。

そんな時に出てきたのが、専従で「会長代行」という新ポストをつくり、会長─会長代行─事務局長のトロイカ体制にする案だった。

従来の会長代行は非専従ポストで、直近では自治労のトップが就くことが多かった。形式上は会長に次ぐポストだったが、連合事務局の運営は専従職の会長―事務局長が束ねている。会長代行は、どちらかと言えば主要産別のトップら十数人が就く非専従の副会長に近い存在だった。

その会長代行職を専従にして、名実ともにナンバー2にする。このトロイカ案は会長代行を出している自治労が属するDグループから六月末に示された。神津を会長に再任した上で、逢見を会長代行として連合本部内にとどめ、相原を予定通り事務局長に就ける――。自治労には会長代行ポストを返上するリスクがあるが、UAゼンセンや自動車総連の顔を立てたまま、神津が会長を続投する道を可能にする案だった。

逢見―相原案で決まりかけていた各グループは一気にトロイカ案に傾いた。ある産別幹部は当時、「こんな第三の道があったのか」と感嘆した。専従職を一人増やす予算的な問題はメドがつきそうで、あとは神津と逢見がこの案に納得するかにかかっていた。

特に反対することが予想されたのは逢見だった。連合会長は六五歳までという暗黙のルールがある。当時六三歳だった逢見にとって、会長代行になることは連合会長の目がなくなることを意味していたからだ。

七月に入ってから役員推せん委員会が二人にこの案を打診し、最初に受け入れたのは神津だった。その後、何度か二人だけの話し合いが持たれた結果、逢見がこの案を受け入れるに至り、最終的に一九日の役員推せん委員会でトロイカ案が内定したという。

棚ざらしの責任問題

二人の話し合いが持たれたのは、まさに連合が高プロ騒動で揺れていた真っ最中だった。報道各社はこの間、高プロ騒動による混乱が連合の人事にも影響していると判断し、関連付けて記事を書いた。連合本部はその都度、「役員推せん委員会において、高度プロフェッショナル制度などをめぐる政策課題に結びつけて推せん作業を進めた事実はない」と抗議のコメントを出し続けた。

高プロ騒動が落ち着いた八月四日、役員推せん委員会は記者会見を開き、神津会長―逢見会長代行―相原事務局長のトロイカ体制を連合本部として正式に大会に推薦することを発表した。非専従の代行ポストも結局、そのまま続くことになった。役員推せん委員会の委員長だった岸本薫・電力総連会長は会見の冒頭、「発信力、政策力、行動力、バランス力の発揮が期待できる人材だ。連合の顔の陣容をいっそう分厚くすることが重要だ」と述べ、二年後に連合結成から三〇周年を迎えることを重視した人事案だと説明した。

報道陣の質問は、新設される専従の会長代行ポストの役割と狙いに集中した。岸本は結成三〇周年に向けて「連合運動の大きな太い軸を担ってもらう」とその意義を強調する一方、具体的な任務については「新執行部の方で運営の考え方が明確に整理されていくと思う」と述べるだけだった。ポストを作ることが目的の人事だったことをにじませた。

高プロ騒動の人事への影響を尋ねる質問もあったが、「おそらく同じようなスケジュール感で役員推薦作業も、労働基準法の対応も様々やっていたかもしれない。ただ、明確に言えるのは、役せんの中でそれ絡めた議論は行っていない」と否定した。

岸本は正直に説明している。高プロ騒動が表面化した時点で、役員推せん委員会の考えはトロイカ案でほぼ固まっていたからだ。連合関係者はこう説明する。

「役員人事は色合いの違う産別がまとまるための重要な要素。高プロで組織がぐらついているときに、人事まで変えてしまったらその影響は計り知れなくなる。だから皆あえて切り離して議論をした」

潤滑に組織を運営するための一つの考え方なのかもしれない。ただし、運営がうまくいかなかった場合に幹部の責任を問い、人事を刷新して捲土重来を図るのもまた組織運営でありうる考え方だ。高プロ騒動の責任問題にフタをしたまま連合が走り出したことに、贄川は連合という組織の澱を見たように感じた。

「高プロ、容認していない」

続投が内定した直後の八月七日、神津は贄川、千葉、澤路の取材に応じた。その内容を朝日新聞は八日付朝刊で報じた。

――高プロについて政府、経団連と「政労使合意」を結ぼうとした。連合が思い通りの合意を結べる可能性は低かったと思う。見通しが甘かったのでは。

神津「そうは思わない。最低限必要なことを要請して、筋を通すべきだと考えた」

――高プロの政府案に対して働き過ぎの防止策を講じる部分的な修正を求めたのに、高プロに反対したまま政労使合意を結ぶのはわかりにくい。「条件付き容認」と言わざるを得ない。

神津「修正に関する合意を目指したのであって、(高プロを)『容認』したとは全然思っていない。容認と報道されたが、それは誤解だ。『容認撤回』とも書かれたが、容認していないのだから撤回のしようもない」

――合意を結べば、連合が法案を容認したと見られる。そのリスクを考えなかったのか。

神津「『一強』政治の中で、我々としてどう対処していくかを考えていた。もちろんリスクを考えながらやったが、念には念を入れる必要があった」

――了解できるような合意文書はできていたのか。

神津「政労使合意の前文に、法案全体の早期成立を目指すように読める文言があり、それはダメだと交渉していた。文案としては詰まっていなかった」

――七月一三日に首相官邸を訪ね、安倍晋三首相に修正を要請した。前文の案が出てきたのはその前か。

神津「後だ」

――合意を前提に、首相に要請に行ったのでは。

神津「(要請が)儀式というやり方はあると思うが、今回はそうじゃない」

――官邸に行った時、政労使合意に至らない可能性はあると思っていたのか。

神津「越えちゃいけない一線は越えない。それは当然あった。『制度は必要ない』と総理にも話したし。合意と引き換えに、連合に対する信用力を失うことはありえない。一回けじめをつけようと思い、協議を打ち切ることにした」

――高プロを巡る一連の経緯は、事務局の「独走」だと指摘されている。最終的に会長が決断したのか。

神津「そうだ。独走ではない」

――逢見直人事務局長が民進党議員に対し、「(政労使合意が)組織内で受け入れられないなら、執行部が退陣になる可能性がある」と説明したそうだが。

神津「それは思い余ってのことだと思う。そのくらい使命感を持ってやっているということだ」

――会長と事務局長の意思疎通はとれていたのか。

神津「どういう文脈で逢見さんが言ったのか、詳しく聞いていないが、要請についての基本的な思いは共有している」

――政労使合意の見送りは、責任問題にならないということか。

神津「そうだ。財界や政界で辞めるべきだと言ってる人がいるようだが、誤解に基づくもので、心外だ」

――会長留任が内定した。役員推せん委員会は一連の経緯と人事は関係ないとしているが、執行部の責任を問う声はないのか。

神津「会議では聞いていない。直接指摘してもらえれば、いつでも説明する」

――政府は、高プロと残業時間の罰則付き上限規制を一本化した労働基準法改正案を今秋の臨時国会に出す方針だ。どう臨むか。

神津「一本化の必要がないことを、まず労働政策審議会で言うことになると思う」

――高プロへの反対姿勢を明確にするのか。

神津「誤解を払拭するためにもその必要があると思う。これから対応を詰める」

神津は、一連の騒動で報道への不満を隠さなかった。二〇一八年に出版した自著では「マスコミ発の風評被害との闘い」という見出しを掲げ、「朝日新聞の報道と他紙のおっかけにより、連合が高プロを容認したという誤解はあっという間に世の中に広がった」と書いている。しかし、当時、取材陣には連合の外部だけでなく、内部からも連合の対応を疑問視する多くの意見が寄せられた。

神津の報道批判はその後も続く。神津は、二〇一八年一一月六日、自らのブログを始めた。そのタイトルは「神津里季生の『おやっ？』と思うこと〜労働組合とメディア論」だ。

第5章 国会審議

勝田智明・東京労働局長（写真左）、加藤勝信・厚生労働大臣（写真右）

「働き方改革」国会始まる

二〇一七年八月三日の内閣改造では、加藤勝信・働き方改革担当相が厚生労働相に横滑りした。予想されていた秋の臨時国会に向けて、「働き方改革」の審議に備えるための人事だと見られた。

働き方改革実行計画に基づく法律案は、二〇一七年九月一五日までに労働政策審議会の各分科会や部会で了承され、厚生労働大臣に諮問された。

働き方改革関連法案は、労働基準法、労働契約法、パートタイム労働法、労働者派遣法、労働安全衛生法など主に八つの法律の改正案を束ねたもので、「働き方改革関連法案」として国会に提出されることになった。

労働基準法の改正案には、時間外労働の罰則付き上限規制、高度プロフェッショナル制度の創設、裁量労働制の拡大など、労働時間規制の規制強化と緩和が盛り込まれていた。

「同一労働同一賃金」に関係するのが、労働契約法、パートタイム労働法、労働者派遣法の三法だ。それぞれ有期契約労働者、パートタイム労働者、派遣労働者の三タイプの非正規労働者の低処遇を改善するための規定がある。このうち、労働契約法二〇条にある無期労働者と有期労働者の不合理な待遇格差を違法とする規定は、パートタイム労働法に移されることになり、パートタイム労働法はパート・有期労働法と名称を変えることになった。関連法案がまとまり、与党内の審査と閣議決定、そして国会提出へと進むとみられた。ところが、秋になると急に衆院総選挙の機運が高まった。安倍晋三・首相が九月二八日、第一九四回臨時国会の冒頭で衆議院を解散したため、二〇一五年労基法改正案は廃案になった。

民進党と希望の党の合流話が持ち上がり、一時は政権交代をうかがう勢いだったが、小池百合子・東京都知事の「排除」発言で急速にその機運は失せた。一〇月二二日に投開票された総選挙では自公が安定した強さを見せ、総選挙後の組閣で加藤は留任した。

二〇一八年年頭の記者会見で安倍は、第一九六回通常国会を「働き方改革」国会と名付けた。一月二二日、その「働き方改革」国会が始まった。

「裁量労働制の方が労働時間が短い」

通常国会が始まった時点で、法案はまだ与党審査を終わっておらず、閣議決定はされていなかった。しかし国会は、働き方改革関連法案で与野党の対決状態になった。

争点は、労政審で労働側が反対した高プロと裁量労働制の拡大だ。小池晃・共産党書記長は一月二六日の参院本会議で、高プロを「残業代ゼロ制度」と断じ、「労働法制の歴史的な大改悪」と批判した。福島みずほ・社民党副党首も「一括法案の中になぜ残業代ゼロ法案や裁量労働制の対象の拡大が盛り込まれているのか。まぜてしまえば分からないということか」とこの部分の撤回を求めた。

法案から高プロや裁量労働制の拡大を分離するよう求める野党の要求に、安倍は「柔軟な労働制度へと改革する」と労働時間規制の緩和に意欲を見せ、時間外労働の罰則付き上限規制とあわせて「一つの法案で示すのが適当だ」と繰り返した。

与野党のつばぜり合いが続く中、一月二九日の衆院予算委で、後に安倍が撤回に追い込まれる発言が飛び出す。

この日、質問に立ったのは、立憲民主党の長妻昭・代表代行。長妻は裁量労働制についての質問を集中させる。加藤に続いて安倍にも質問。裁量労働制の対象を拡大すると「過労死が増える」と指摘した。そのうえで、安倍の「労働法制は岩盤規制。自分のドリルからは逃れられない」という趣旨の過去の発言を取り上げ、「この考え方はぜひ改めていただきたい」と迫った。

安倍は「岩盤規制に穴を開けるには、内閣総理大臣が先頭に立たなければ穴は開かない。

その考え方を変えるつもりはない」と退け、こう続けた。

「厚生労働省の調査によれば、裁量労働制で働く方の労働時間の長さは、平均的な方で比べれば、一般労働者よりも短いというデータもある」

この発言が、裁量労働制の拡大撤回に至る導火線となる。

「平均」と「平均の者」

この時、上西充子・法政大学キャリアデザイン学部教授は東京・市ケ谷の研究室にいた。インターネットの国会中継でやりとりを聞いていた上西は、安倍の答弁を聞いて首をかしげた。

「裁量労働制の方が短いというデータはどこにあるのだろう」

上西は労働問題が専門で、若者の雇用問題や労働政策を主なテーマにしてきた。過去には、厚生労働省所管の労働政策研究・研修機構（ＪＩＬＰＴ）に席を置き、自ら統計調査を担当したこともある。上西は、ＪＩＬＰＴが裁量労働制について調査をまとめていたことは知っていた。だが、その中には安倍が言うようなデータはない。

上西の疑問に対する答えは、一月三一日の参院予算委で厚生労働相の加藤が明らかにした。

安倍が答弁の根拠にしたのは、厚生労働省が公表した二〇一三年の「労働時間等総合実態調査」。加藤は、平均的な一般労働者の一日の実労働時間が九時間三七分なのに対して、企画業務型裁量労働制は九時間一六分だと紹介した。

上西はインターネット上に公開されている調査の報告書の原資料にあたった。すると、おかしなことに気づいた。安倍や加藤は、データが「平均値」であるかのように答弁している。しかし、調査の定義での「平均」は、回答した事業所に勤める人全体の平均ではなく、「平均的な残業時間の人」を事業所が一人選んで答えたもの。安倍や加藤が「平均」として示した値は、「平均値」ではなかったのである。

しかも、一般労働者の九時間三七分というデータは、報告書に記載されていなかった。

上西はインターネットの大手ポータルサイト、ヤフーに個人ニュースのコーナーを持ち、積極的に発言してきた。二月三日、安倍や加藤の答弁に対する疑問を記事にまとめて投稿した。

「こんな記事を書きました」。上西は旧知の長妻に連絡した。長妻はすでに上西の記事を読んでいた。そして、「近く厚生労働省の担当者に説明させる。先生も来ませんか」と上西を誘った。

二月七日午前、衆議院議員会館にある長妻昭事務所。上西のほか、立憲民主の西村智奈美、初鹿明博、希望の党（当時）の山井和則も姿を見せた。山井もまた、安倍の答弁に疑問を抱き、質問主意書を国会に出していた。

厚労省側の説明者は労働基準局の藤枝茂・労働条件政策課長。労働条件政策課は労働基準法を担当している。

藤枝の説明で、一般労働者の「九時間三七分」という労働時間の根拠が明らかになった。藤枝によると、「平均の残業時間である一時間三七分」に労働基準法が定める法定労働時間八時間を足したものだというのだ。

労働基準法が定める一日の上限、つまり法定労働時間は八時間だ。ただし、一日何時間働くかを定めた所定労働時間は企業によって違う。残業時間は、その所定労働時間を上回る時間のことだ。一日の所定労働時間が七時間であれば、一時間三七分を足しても八時間三七分にしかならない。厚労省で労働分野を担当する人間であれば、誰でもわかる理屈だ。

「そんな計算をしては駄目でしょう」。こう指摘する上西に、藤枝は「データが限りある中で比べた」と答えた。細かい質問を繰り出す上西に対し、藤枝は「私は（国会議員の）先生方に説明しているんです」といら立ちを見せたという。

長妻らは、一般労働者の労働時間データを提出するよう藤枝に求めた。手元にないと渋る藤枝に、山井が厳しく迫った。

「今すぐ、ここ（長妻事務所）に送ってくれ」

厚労省からファックスで届いたデータには、残業時間が「一五時間」というデータが九件あった。一日八時間の法定労働時間を考えれば、長すぎる数字だ。

「これはおかしい。インチキだ」。長妻は確信した。

首相発言撤回

データのずさんさを確信した長妻や山井の追及は厳しさを増した。

二月一三日の衆院予算委。長妻は安倍の発言をとりあげ、「この根拠データは正しいのか」とただした。安倍は「平均の方で比べれば、一般労働者よりも短いというデータがある」と答え、さらに、JlLPTの調査では、裁量労働制の方が平均値が長いというデータがあるということにも言及し、「こちらの調査では平均値」と紹介した。「平均的な方」と「平均値」が異なることを認めたことになる。

「これは驚きました。そうすると、総理がおっしゃったのは、平均じゃないんですよ」。長妻はたたみかけた。

「一方的なデータだけを言って、裁量労働制は長時間労働になるという指摘はあたらないという趣旨でおっしゃった」

そして、一般労働者のデータの異常値にも言及。厚労省は一日の残業時間を一時間三七分として計算していたが、労働時間等総合実態調査にあった一週間の延べ残業時間は二時間四七分。「一日のデータは間違いではないのか」という長妻に、加藤は「指摘を踏まえて、もう一度データを精査している」「データによって補正をしているものもあると聞いている」と苦しい答弁をせざるをえなかった。

「(答弁を)いったん撤回していただきたい」と迫る長妻。安倍は「厚生労働大臣が精査すると答弁している」と加藤の答弁を繰り返した。

翌二月一四日午前の衆院予算委。二人目の質問者は自民党の江渡聡徳だった。最初に言及したのは裁量労働制に関する安倍の発言問題だ。

江渡は、前日の加藤の「精査する」という発言をとらえ、「精査というものが長く時間が続くのであれば、一度白紙に戻されてはいかがか」と加藤と安倍に問うた。

先に答えたのは加藤。加藤は「精査に相当の時間を要するようなデータをお示ししたということについては、撤回をさせていただきたい」と応じた。続いて、安倍が「一月二九日の（裁量労働制の方が労働時間が短いというデータがあるという）本委員会における答弁は撤回し、お詫びする」と発言した。

江渡はここで質問を防衛問題に変える。首相発言の撤回というシナリオがあらかじめ練られていたことは明らかだった。

「不適切なデータだったのは間違いない。これ以上国会であの数字を言い張るのは難しい」。厚生労働省幹部はこう解説した。

厚労省は首相答弁のため、問題のデータを含む資料を官邸に提供したという。ある厚労省幹部は「何であんなデータを官邸に出したのか不思議だ」といぶかった。

政府は過去の国会でもこの調査データを持ち出していた。二〇一五年七月の衆院厚労委で当時の塩崎恭久・厚生労働相が同じデータに言及し、「むしろ一般労働者の方が平均でいくと長い」と答弁。二〇一七年二月にも同様の答弁をしていた。

首相の発言撤回は、自民党の国会対策委員長、森山裕にも「寝耳に水」だった。公明党幹部との会合直後の二月一四日朝、西村康稔・官房副長官から知らされた。すでに衆院予算委は始まっていた。

方針転換の背景には、二〇一八年度予算案の審議があった。一月二九日の首相答弁が引き金になり、国会日程に影響が出始めていた。政府・与党は二月中の採決を目指していたが、その前提となる中央公聴会の開催について、野党は態度を硬化。首相答弁が撤回されない限り、中央公聴会の日程協議に応じない姿勢を示した。

二月一四日、野党は、この問題で初めての合同ヒアリングを開く。合同ヒアリングは、野党がこの時の国会で盛んに使った手法だ。

厚労省によると、調査は労働基準監督官が管内の企業を訪ね、労働時間が平均的な人に聞き取った内容を集計したもの。ただ、同省関係者によると、監督官が「平均的な人は誰ですか」と労務担当者に尋ね、その場で紹介された人の数値を聞き取っただけのデータも含まれているという。

二月一五日午前の衆院予算委では、野党側が調査の元データや労働局への指示書を開示するよう要求。加藤はデータを精査し、「月曜日(二月一九日)までに報告する」と約束した。

厚労省が陳謝

二月一九日朝、厚労省は衆院予算委の理事会に精査結果を報告した。精査結果では「労働時間等総合実態調査」の労働時間の聞き方がそもそもおかしかったことがわかった。

厚労省が明らかにした調査票の質問項目では、裁量労働制と一般労働者では大きな違いがあった。一般労働者に「最長」の残業時間を聞く一方、裁量労働制で働く人には単に労働時間を尋ねていた。質問そのものが異なる調査の結果を比較しており、データを不適切に利用したことは明らかだった。

厚労省は両項目について、対象の一万一五七五事業所で聞き取った具体的な時間数が書かれた一覧表も示した。野党は、調査にあたって厚労省が各労働局に出した指示の内容についても資料を求めていたが、一九日朝の理事会では開示されなかった。

労働条件政策担当の土屋喜久・審議官は理事会後に厚労省内で記者会見し、異なる前提の二つのデータを比較したことについて「不適切だった」と陳謝した。

比較をしたデータは三年前に、調査にあたった職員とは別の労働条件政策課の担当者が作成。その後は原典を確認せずに、国会答弁の根拠として繰り返し使われてきたという。ただし、「(データの問題点を)十分に認識せずに比較した」と述べ、あくまでミスだったと強調。不適切なデータ比較に関する政権からの指示は否定した。

このデータを二〇一五年三月の旧民主党の部会で初めて提示したことも説明した。不適切なデータの比較だと気がつかずに資料をまとめたという。このデータが、同年七月、塩崎の国会答弁や今回の安倍の答弁に使われた。

厚労省が精査結果を明らかにした一九日午後の衆院予算委。立憲の高井崇志への答弁で加藤は「異なる仕方で選んだ数値を比較していたことは不適切だった。深くおわびを申し上げます」と謝罪した。また加藤はデータの問題点について「(担当者から)二月七日午後に報告があった」と説明した。

加藤への報告は、ちょうど長妻事務所で藤枝が問い詰められた日の午後だったことになるが、山越敬一・労働基準局長は、それよりも前の二月二日には調査票が異なるものであることを知っていたと答弁している。つまり、事務方が問題を認識したのは加藤への報告よりも数日前だったことになる。

高井は、実態調査のデータをもとに労政審の議論が行われたことを指摘し、労政審をやり直すよう求めたが、加藤は「一般労働者のデータは労政審には出していない」と退けた。山越もまた、「比較は不適切だったが、裁量労働制の数値、一般の労働者の数値はそれぞれ適正に作成されていた」と主張した。

菅義偉・官房長官は一九日午前の記者会見で「平均的な者の労働時間について、一般労働者と裁量労働者で異なる仕方で選んだ数値を比較していたことは極めて不適切だった」との見解を示したが、一方で「この労働時間を比較したデータは、(裁量労働制に関する)労働政策審議会の審議には提供していない」「法案提出、成立の方針にまったく変わりはない」とも強調した。

炎上続く

二月二〇日の衆院予算委。厚労省が不適切に比べたデータを使った首相答弁だったことを認めてから初めて、安倍が国会審議に臨んだ。裁量労働制のデータ問題を取り上げたのは、再び長妻だ。

「データの中身を知らないで答弁したのか」「答弁は虚偽だったということでいいか」。長妻の質問に、安倍は「答弁について撤回した」「データは撤回していない」「担当大臣は厚労大臣だ」と答えた。

安倍はさらに「すべて私が詳細を把握しているわけではない」「答弁は厚労省から上がってくるわけで、それを私は参考にして答弁した」などと述べ、データを出した責任は厚労省にあるとの認識を示した。

安倍の姿勢を、長妻は「無責任だ」と批判。裁量労働制の対象を広げるためにあえて都合の良いデータを捏造したのではないか、という疑念もぶつけた。

安倍は、一月二九日朝に答弁を準備する勉強会での様子を明らかにした。この時、安倍は、「裁量労働制で働く人の方が一般労働者より労働時間が長いとするJILPTの調査結果があるが、一方で、厚労省の調査では平均的な方で比べれば裁量労働制で働く人の方が一般労働者より短いというデータもある」という説明を受けたという。その上で「私や私のスタッフから指示を行ったことはない」と長妻の疑いを否定した。ただ、一月二九日の答弁で安倍はJILPTの調査結果について触れていない。

長妻は、データの異常値についても質問した。

「一日の労働時間なのに二四時間を超えるデータが散見される。一体何件ぐらいあるのか」

加藤は、最長のものでは一二件、平均的なものでは三件あると説明し、「現実として二四時間を超えることはありえない。間違いなんだろうと思う」と認めざるをえなかった。首相答弁の撤回、調査の精査結果の発表で幕引きを図ろうとした政権だが、データ問題は収束しそうもなかった。

「異変」

加藤は二月二六日の衆院予算委で、一般労働者に関して新たに一二三件の「異常値」が判明したと説明した。加藤は、一般労働者に関する異常値とは別に、企画業務型の裁量労働制で働く人の労働時間が二時間以下となる不自然なケースが四二件見つかったことも認めた。

ただし、与党は野党が求めていた調査のやり直しなどを事実上拒否。野党は反発を強め、新年度予算案の衆院通過が与党が当初予定していた二七日から二八日以降にずれ込むことになった。

森山裕・自民党国会対策委員長は二六日に辻元清美・立憲民主党国対委員長と国会内で会談。立憲など野党六党が与党に要求していた調査のやり直しや法案の提出断念について、自民、公明両党の幹事長名で「与党からも政府に一層の努力を申し伝えた」などとする回答を文書で伝えた。

自民党幹事長の二階俊博は二月二七日、首相官邸で安倍と会談し、衆院通過がずれ込んだ経緯を説明した。安倍は「円満な国会運営に今後ともしっかりと対応してもらいたい」と応じたが、官邸にとっては誤算だった。

日程が変わったのは、二階の判断だった。二六日夜の時点で、自民、公明両党は野党との協議を同日中に打ち切り、予算案を採決する衆院予算委と本会議の翌日開催を決める方針だった。

「異変」が起きたのは、午後一一時台。途中で協議を打ち切るはずだった与野党幹事長・書記局長会談で、二階が「野党の話を聞こう」と言い出したのだ。午前零時を過ぎた場合、その日の予算委と本会議の開催は決められない。

「(与党は)官邸の下請けじゃない」。二階は周囲にこう漏らしたという。

このころ、与党内からは、時間外労働の罰則付き上限規制など働き方改革関連法案の提出自体を再検討するよう求める声が出始めていた。この時点では、まだ法案は閣議決定されていない。

法案を審査する自民党厚生労働部会では二月二七日、政府に対する批判が噴出した。

野党六党は二月二七日も合同院内集会や厚労省の担当者を呼ぶ合同ヒアリングなどを開

催。長妻はヒアリングで「データの捏造が明らかになったら、内閣が吹っ飛びますよ」と迫った。

野党からは、裁量労働制のデータ問題を、第一次安倍政権が退陣に追い込まれる契機になった「消えた年金」と重ねる発言も増え始めた。

深夜の撤退劇

二月二八日午前の衆院予算委でも裁量労働制のデータ問題は議論された。立憲の逢坂誠二に対し安倍は、裁量労働制拡大について、「きっちり実態把握しない限り政府として前に進めない気持ちだ」と踏み込んだ。

「実態把握とはどう意味か」と尋ねる逢坂に安倍はこう答えた。


「実態把握の方法については、今後検討していきたい」「どのような実態把握をしていくかということについては厚労大臣を中心に検討したい」「これは相応の時間を要するものと考えている」

この間、調査結果にある「異常値」の数は増え続けていた。一般労働者の一日や一週間の残業時間が「ゼロ」なのに、一か月の残業時間が記載されたケースが新たに判明。異常値はのべ四〇〇件を超え、さらに増える可能性も出てきていた。政府は次第に追い込まれていた。

この日、衆院予算委で二〇一八年度予算案が可決された。衆院本会議は二月二八日夜、一般会計総額九七兆七一二八億円の予算案を自民、公明両党の賛成多数で可決した。その直後、裁量労働制問題はあっけなく幕を閉じる。

この日深夜、首相官邸。安倍は二階、岸田文雄・自民党政調会長、井上義久・公明党幹事長らを招いた。そこで働き方改革関連法案のうち、裁量労働制の対象拡大部分を全面的に削除する方針を示し、「データをめぐって混乱が生じて大変ご迷惑をおかけしている」と陳謝した。

会談後、安倍は記者団の取材に応じ、「国民が（裁量労働制の労働時間の）データに疑念を抱く結果になった。厚労省で実態を把握したうえで議論し直すようにしたい」と削除する理由を説明した。時間外労働の罰則付き上限や「同一労働同一賃金」、高度プロフェッショナル制度は法案に盛り込んだまま、予定通り今国会に提出して成立をめざす方針を示した。

もともと自民党内には、中小企業に時間外労働の罰則付き上限規制を入れることに対する不満が根強かった。法案審査を控える中での方針転換に、厚労族議員は「規制だけ通すなら、大反対」と語った。立憲の長妻は、「高プロを切り離さなかったのは愚策。労政審に差し戻すべきだ」と話した。

首相の判断を聞いた二階は二八日深夜、「厳しい試練を胸に刻んで、今国会は慎重な上にも慎重に対応したい」と記者団に語った。

一方、厚労省は二八日朝から安倍の発言に翻弄された。安倍が予算委で表明した「実態把握」について、厚労省は直前まで知らされていなかった。加藤が前日の閣議後会見で、労働時間の再調査について「(やり直しの考えは)今は持っていない」と述べたばかり。安倍の答弁を聞いた厚労省幹部は「具体的な指示もない。どういう実態把握を、どこまですればいいのか」。

衆院予算委で二〇一八年度予算案が可決された後、野党の合同ヒアリングで厚労省幹部は頭を下げ続けた。

「大変申し訳ないのですが、承知しておりません」(藤枝茂・労働条件政策課長)「実態把握がどうなっていくのかが政府としての今後の検討課題ということで、今答えられる確たるものを持っていません」(村山誠・労働基準局総務課長)。「実態把握」の内容について野党議員から何度も問いただされたが、何も答えられなかった。

伏せられた過労死

裁量労働制の拡大撤回の後、三月二日には朝日新聞が森友問題で財務省が文書の書き換えを報じるなど、国会周辺が慌ただしさをました三月四日の日曜日。朝日新聞の朝刊一面に一本の記事が載った。

「裁量労働、社員が過労自殺　違法適用の野村不動産　労災申請契機、異例の指導」

記事はこんな内容だった。

裁量労働制を全社的に違法に適用し、昨年末に厚生労働省東京労働局から特別指導を受けた不動産大手、野村不動産（東京）の五〇代の男性社員が過労自殺し、労災を認定されていたことがわかった。男性は裁量労働制を違法適用された社員の一人だった。東京労働局は遺族からの労災申請をきっかけに同社の労働実態の調査を始め、異例の特別指導をしていた。

労災認定は二〇一七年一二月二六日付。同労働局は、同じ日に特別指導を公表していた。安倍や加藤は今国会の答弁で、同社への特別指導を裁量労働制の違法適用を取り締まった具体例として取り上げたが、特別指導は過労自殺の労災申請が端緒だった。

安倍政権は、裁量労働制の対象拡大を働き方改革関連法案から削除し、来年以降に提出を先送りすることを決めたが、今の制度でも過労死を招く乱用を防げていない実態が露呈した。改めて対象拡大への反発が強まりそうだ。

関係者によると、男性は転勤者の留守宅を一定期間賃貸するリロケーションの業務を担当する社員だった。東京本社に勤務し、入居者の募集や契約・解約、個人客や仲介業者への対応などにあたり、契約トラブルへの対応で顧客や仲介業者からの呼び出しに追われていた。二〇一五年秋ごろから長時間労働が続き、頻繁に休日出勤もしていた。体調を崩して一六年春に休職。復職したが、同九月に自殺した。その後、一七年春に遺族が労災申請した。

新宿労働基準監督署(同)が把握した男性の残業は、一五年一一月後半からの一か月で一八〇時間超。長時間労働が原因で精神障害を発症し、自殺に至ったとして労災が認められた。労働時間の管理は自主申告に委ねられていて、申告された時間は実際の労働時間より大幅に少なかったという。

裁量労働制は、仕事の進め方や時間配分をある程度決められる働き手に、あらかじめ定めた時間に基づいて残業代込みの賃金を支払う制度。それ以上働いても追加の残業代は出ない。同社は、会社の中枢で企画、立案などの業務に就く人が対象の企画業務型の裁量労働制を採用。全社員約一九〇〇人中約六〇〇人に適用し、本来は適用できないマンションの営業担当者らが裁量労働制で働いていた。違法適用が長時間労働を助長した可能性がある。

厚労省によると、特別指導は法律に基づく措置でなく、労働局の判断で実施される。公表するかどうかは社会的意義などを勘案して決めるといい、過去に公表された例は「把握していない」(監督課)という。

同労働局は昨年一二月二五日、同社の本社に是正勧告し、宮嶋誠一社長に対して特別指導を実施。翌二六日の記者会見で公表した。異例の対応だった。調査のきっかけは「申し上げられない」として、会見では明らかにしなかった。

野村不動産は取材に「当方からお伝えすることはございません」とコメントした。

同じ日の三面の記事「裁量労働、乱用の末『しっかり監督』答弁の陰で　野村不動産、過労自殺」では、野村不動産の違法適用を取り上げて制度の乱用が長時間労働を助長しかねないと批判する野党に対し、安倍と加藤が、違法適用を取り締まった具体例として同社への特別指導に言及してきた事例を取り上げた。

例えば、加藤は二〇一八年二月二〇日の国会答弁でこう言って野党の批判をかわしていた。

「野村不動産をはじめとして、適切に運用していない事業所等もありますから、そういうものに対してしっかり監督指導を行っている」

異例に公表された特別指導と、同じ日に労災認定されたのに伏せられていた過労死。なぜ過労死の事実だけが伏せられ、特別指導は公表されたのか。加藤はこのことをどこまで知っていたのか――。発端は、記事掲載の約三か月前、二〇一七年一二月の記者会見にさかのぼる。

野村不動産の特別指導

「明日の東京労働局の定例会見で、大きな個別案件の発表がある。裁量労働制の濫用に強く警鐘を鳴らす踏み込んだ内容だ」

千葉のもとに、関係者から連絡が入ったのは二〇一七年一二月二五日夜だった。労働チームの記者数人で中身を探ったが、それ以上はわからなかった。定例会見は翌二六日午前一一時からで、夕刊に原稿を間に合わせるのにはギリギリの時間だった。普段は顔を出さないことが多い会見だったが、千葉のほかに、澤路、贄川、厚労省担当の米谷陽一の計四人で会見に臨んだ。

総務省の労働力調査と厚生労働省の有効求人倍率は月に一回発表される。同じタイミングで東京労働局長の会見も開かれている。東京・九段にある東京労働局一四階の局長室で、楕円形のテーブルに労働局幹部数人と記者が向かい合う懇談のような形式だ。労働局長が有効求人倍率などプレスリリースを紹介し、その後に質疑応答に移る。ふだんは大きなニュースになるような処分の発表などはなく、各社の都庁担当や厚労省担当の記者数人が出席して和やかに進む。

ところが、この日の様子はいつもと違った。朝日の記者だけが四人態勢で、いずれも普段は顔を出さない面々。ほかの記者は何がおきたのかと戸惑っているようだった。会見は、時間通り午前一一時に始まった。勝田智明・東京労働局長は冒頭、笑みを浮かべながらこう話し始めた。

「みなさんに一つお知らせがあります。先月おいでになった方には、ボクシングデー(Boxing day)で何か違う発表があるかもしれませんよと言っていましたが、私の方から記者発表がひととおり終わったあとでもう一つ発表があります。早く帰ると聞き逃しますので、予告だけ。フフフ」

ボクシングデーとは一二月二六日のことで、主にイギリスの祝日だ。郵便局員や新聞配達の人など、クリスマスも働いていた人に、ちょっとしたプレゼントの箱(Box)をあげる日とされている。まさに会見のあった日付のことだった。

勝田は、東大法学部卒のキャリア官僚。イギリスやインドネシアなど海外勤務が豊富で労働系の官僚の中では「国際派」だ。社交的で、局内でも「広報マインド」があるとされている。

労働局が用意した資料の説明が二五分強で終わると、記者の一人が「それで、プレゼントの中身は?」と水を向けた。勝田は「プレゼントもう行く? やります? じゃあ、やろっか」と応じ、用意していたA4判一枚の資料を配り始めた。

タイトルは「東京労働局長による特別指導について」。前日の一二月二五日付けで不動産大手の野村不動産に対して実施されたという。裁量労働制の適用が認められない営業社員に対して全社的に制度を違法適用していたという中身だった。制度の適用が無効になるため、未払い残業代が発生していることにも触れていた。

澤路は千葉と目を合わせ「でかいな」とつぶやいた。千葉は本社で連絡を待つ木村裕明・東京経済部次長に連絡するため、局長室をいったん出た。

労働基準監督署のおこなう是正勧告は、通常は労働局からは公表しない。労働局が企業名を明かして、裁量労働制の違法な適用について発表するのは異例のことだ。会見に同席していた鈴木伸宏・東京労働局労働基準部長は「(同社の不正を)放置することが全国的な順法状況に重大な影響を及ぼす」と、特別指導に踏み切った理由を説明した。勝田は、宮嶋誠一・野村不動産社長を労働局に呼んで特別指導したこと、管轄の労基署から各支社に是正勧告をしたことも明かした。

ただ、裁量労働制の適用状況や是正勧告の詳細については答えず、「野村不動産自身がホームページで明らかにしている」として、会社側に問い合わせるよう促した。

会見終了後、贄川が野村不動産に問い合わせると、会社は関西支社、名古屋、仙台の両支店が是正勧告を受けたことを認めた。その上で、全社員約一九〇〇人のうち、課長代理級の「リーダー職」と課長級の「マネジメント職」の社員計約六〇〇人に裁量労働制を適用していたと説明。二〇〇五年四月以降、課長代理級以上に昇進した社員が対象だったという、「中堅社員であれば、裁量を持たせて企画提案型の事業を推進できると判断していた」と違法適用になった理由を釈明した。

こうしたやりとりを踏まえ、朝日新聞は二六日夕刊の一面で「野村不動産に是正勧告　残業代未払いも　裁量労働制で不正」と報道した。翌二七日朝刊でも同様に一面で大きく報じた。記事では、現行の裁量労働制でも、適用範囲を超えて制度が濫用されている可能性があることを指摘。年明けの国会で法案の提出が見込まれていた法人向け営業への適用範囲拡大の議論についての懸念を投げかけた。

一方で、東京労働局の特別指導自体については、裁量労働制の濫用を取り締まった先進的な事例と位置づけ、取材陣も比較的好意的に受け止めていた。

ただ、取材陣には一つの疑問があった。野村不動産があっさりと社名公表を受け入れたことだ。

特別指導を受けたことが公表されれば、企業の社会的評価が傷つく。普通なら野村不動産はルールがあいまいな社名公表に強い抵抗を示すはずだ。厚生労働省もそうした企業の事情に配慮する。ところが、異例の社名公表になった。発表のタイミングも、東京労働局と野村不動産は調整していたとみられた。

特別指導の背景には、野村不動産にとって不都合な事実があるのではないか。それは過労死事案ではないか――。そう考えていた取材陣に核心に迫る情報が舞い込むことになる。

「裁量労働制を違法適用されていた野村不動産社員の中に過労死した人がいる――」

端緒は労災申請

新聞などで過労死や過労自殺と呼んでいるのは、長時間労働や精神疾患の末に労働者が亡くなったり自殺したりした中で、労働基準監督署が働き方と死の因果関係を認めて労働災害として認定したものを指す。

遺族ら関係者が申請して初めて労基署が調査をする。長時間労働の裏付けがとれなかったり、職場での出来事との因果関係が認められなかったりして認定されないケースも多い。労災認定された場合でも、遺族や代理人の弁護士が公表しない限りは、詳細はわからない。

この時は、亡くなったとされる社員の名前や部署、亡くなった状況などの細部はもとより、本当に過労死として労災認定を受けているかもわからなかった。同僚や知り合いなどの少ない伝手をてがかりに、まずは野村不動産の関係者らへの取材を始めたが、情報は乏しかった。

二〇一八年一月二二日から始まった通常国会では働き方改革関連法案について質疑がなされ、野村不動産への特別指導についてもやりとりがあったが、取材は難航していた。

関係者から決定的な情報が寄せられたのは、裁量労働制適用者の労働時間をめぐる不適切なデータ問題で安倍が答弁を撤回し、国会がにわかにざわつき始めた二月中旬ごろだった。社員の男性が東京本社に勤務するリロケーションの業務を担当する社員だったことや男性の繁忙期の時間外労働時間が一か月で一八〇時間を超えていたこと、特別指導が公表された一二月二六日に労災認定がなされていたことなどが明らかになってきた。

この事案に関わる弁護士が関西地方にいることもわかった。事務所に電話をし、弁護士の求めに応じて取材趣旨をメールしたが、一向に返事が来ない。何度電話しても不在を理由に取り次いでもらえなかったので、贄川が直接話を聞きに行くことにした。

弁護士事務所は、裁判所近くのビルにあった。朝から近くでしばらく様子をうかがった後で事務所に電話すると、やはり弁護士は「不在」だった。ところが直後に自転車で事務所を出る姿が確認できた。昼ごろになって事務所に戻る姿が見えたため、改めて取材を申し込んだ。弁護士は「わざわざこのためだけに来たんですか」と驚きながらも、別室に通してくれた。約二〇分間、弁護士は口ごもりながらも面会に応じた。

ちょうど同じ頃、今回の特別指導につながる労働基準監督署の調査が、過労自殺の労災申請を受けておこなったものだったこともわかってきた。東京労働局は一二月二六日の会見で、あたかも自分たちの調査で裁量労働制の違法適用が判明したように説明していたが、実際は違っていた。過労自殺の労災申請がなければ、裁量労働制の違法適用は発覚しなかった。

　これほどの重大案件を、厚労省が把握していないはずはない。なぜ厚労省は端緒となった過労自殺は伏せて特別指導を強調したのか、特別指導の翌日に労災が認定されたのには何か意図があるのか。そして、厚労相の加藤はこのことを知っていたのか。わからないことは多かったが、報じる材料はそろった。

　最後に事実関係を尋ねた野村不動産は「当方からお伝えすることはございません」と暗に認めた。

追求される「しっかり指導」

　三月四日に朝日新聞が野村不動産の過労死事案を報道すると、報道各社は早速、四日昼〜五日朝にかけて過労自殺があった事実を報じた。週明けの三月五日朝には、野村不動産の担当者から「ご遺族側にご連絡ができておりませんでしたので、あのようなご回答になりました。当社社員がなくなられたことは事実であり、労災認定がおりたことはお聞きしております」と連絡があった。会社側は過労自殺の事実を正式に認めた。

五日朝からの参院予算委では、この問題が取り上げられた。野党が問題にしたのは、加藤が二月二〇日に野村不動産の特別指導について「しっかり監督指導している」と国会答弁した時点までに、過労自殺の事実を知っていたのかどうかだった。過労自殺を知りながらそれに触れず、裁量労働制の濫用を取り締まった例として国会答弁で特別指導に言及したなら、「政治的責任は免れない」（立憲民主党代表代行の長妻昭）という主張だ。野党は、首相の安倍や加藤が労災認定をいつ知ったかを追及した。

民進の石橋通宏の質問に、安倍は、労災認定の報告は受けていなかったと述べる一方、特別指導については「報告を受けておりました」と答えた。

続いて答弁を求められた加藤は、「それぞれ労災で亡くなった方の状況について逐一私のところに報告が上がってくるわけではございませんので、一つ一つについて、そのタイミングで知っていたのかと言われれば、承知をしておりません」と、当時は労災認定について知らなかったとの認識を示した。調査のきっかけについては「コメントを差し控えさせていただきたい」と答弁し、明言を避けた。

野党六党はこの日、合同ヒアリングを開いた。出席者からは「特別指導だけオープンにして、過労死を伏せたのはなぜか」（希望の山井和則）などと政府の対応を疑問視する声が相次いだ。長妻は、次回以降の会合に厚労省の政務三役の出席を求め、追及を続ける考えを示した。

特別指導の公表は極めて異例だ。厚労省関係者は「今のご時世、大きな案件を大臣に報告していなかったら、それこそクビが飛ぶ。大臣に特別指導の背景について報告せずに、こうした案件を公表したとは考えにくい」と話した。

野党の合同ヒアリングで、土屋喜久・厚労省官房審議官は「本省と分省（東京労働局）で一定の相談をしたうえで、東京労働局が対応した」と述べ、厚労省本省が公表の判断にかかわっていたことを認めた。

際立つ「異例さ」

野党は連日、合同ヒアリングを開いて問題を追求した。厚労省側では政務三役は出席せず、審議官の土屋や担当課長が対応した。こうした場でわかってきたのは、野村不動産に対する特別指導の「異例さ」だった。

三月六日のヒアリングでは、特別指導が過去二例目だったことを厚労省側が明かした。前例は、違法残業事件で有罪判決が確定した広告大手の電通だけ。電通への特別指導は公表されず、野村不動産への特別指導については東京労働局が記者会見で発表していた。実質的には野村不動産へのものが初めての特別指導と言ってよかった。

この二例でも東京労働局の対応は大きく異なる。

電通の場合、東京労働局が特別指導をしたのは二〇一六年一〇月一一日。過労自殺した高橋まつりの遺族が記者会見を開き、労災認定を発表した四日後だった。しかも、電通への特別指導は、過重労働撲滅特別対策班「かとく」の強制捜査にまで発展したのに、記者会見で発表されていない。当時厚労相だった塩崎恭久が一〇月一二日の衆院予算委員会の答弁で触れただけで、「特別指導」という言葉も使われていない。

野村不動産は特別指導の後も強制捜査は受けていない。過労自殺した男性の遺族が労災認定を公表しないのに、労災認定と同じ日に記者会見で公表していた。土屋は、野村不動産に特別指導をして公表した理由を「同じことが他社で起きてはならない。異例だが特別な指導という考え方をとり、日頃であれば申し上げていない指導を公表した」と説明した。

三月一六日には、東京労働局の特別指導が、決裁書を作らずに実施されていたこともわかった。希望の山井の質問主意書に、内閣が答弁書を閣議決定した。そもそも特別指導の手続きを定める規定自体もなかった。

厚労省はまた、野村不動産への特別指導を公表した二〇一七年一二月二六日の会見で記者団に配った資料に関する決裁書もないと説明。特別指導の手続きを明文化した文書すら省内にないことも明らかにした。

特別指導は東京労働局長が「口頭で行っており、文書を発出していない」ため、「省内の決裁規定の適用の対象外」である――。土屋は、三月一六日の野党合同ヒアリングで、決裁書を作らなかった理由をそう説明した。

決裁書を作らずに異例の特別指導に踏み切った経緯について、山井は「極めて恣意的」と批判。野村不動産への特別指導が、裁量労働制の濫用を取り締まった例として国会答弁で取り上げるためだったのではないかと追及した。

ゼロ回答

厚労相の加藤のかかわりはどうか。厚労省は、過労自殺のあった野村不動産に特別指導を行い、公表した経緯について、加藤が報告を受けていたかどうかの説明を拒み、「ゼロ回答」を続けた。

野党六党が三月七日に開いた合同ヒアリングでは、厚労省が加藤に特別指導の報告をしていたのかをただす質問が相次いだ。官房審議官の土屋は「回答は控えさせていただく」。増田嗣郎・監督課長も「個別事案の詳細について回答は控える」と説明を拒み続けた。

長妻は「説明できない根拠の条文は何か」と追及した。増田はその質問にも「個別事案なので答えられない」。説明できない根拠も示さなかった。

加藤が労災認定の報告を受けていたか。土屋は「回答を控える」と説明を拒否。その根拠として個人情報保護法を挙げ、「労災認定は、その有無も含めて（公表すれば）個人の情報にかかわる」と述べた。一方で、当事者ご家族代理人が記者会見などで公表した場合には、厚労省として労災認定の事実を認めることがあるとした。

ただ、野村不動産は朝日新聞に対し「当社社員が亡くなられたことは事実であり、労災認定がおりたことはお聞きしております」とコメントしている。希望の井出庸生・衆院議員は、野村不動産が労災認定を認めているのに「過労死の有無や報告の時期をコメントできない理由はないのではないか」と詰め寄ったが、土屋は「（それは）会社の判断。個人情報との関係もあってコメントを控えている」と押し通した。

加藤は自身の国会答弁を「後退」させた。

加藤は、三月五日の参院予算委で野村不動産社員の労災認定について民進の石橋から「もちろん知っておられたんでしょうね」と質問され、こう答弁していた。

「それぞれ労災で亡くなった方の状況について逐一私のところに報告が上がってくるわけではございませんので、一つ一つについて、そのタイミングで知っていたのかと言われれば、承知をしておりません」

このやりとりの直前に安倍は「特別指導については報告を受けておりましたが、今のご指摘については報告は受けておりません」と答弁しており、「今のご指摘」が「労災認定」を指すことは明らかだった。記者も含めてほとんどが、この時の加藤が野村不動産で過労自殺があったこと自体は認めた前提で答弁したと思っていた。

しかし、その四日後の閣議後の記者会見で、答弁の趣旨について「一般論を申し上げた」として、野村不動産社員の過労自殺を「知らなかった」という意味ではないと説明。労災認定の事実について認めたわけではないと釈明した。質問をした石橋は「一般論だと言うなら、答弁で言わないといけない。後になって『一般論だった』と説明するのはおかしい」と反発。野党は「答弁の修正ではないか」と批判を強めたが、加藤の見解は変わらなかった。

黒塗りの報告書

特別指導前に加藤が厚労省から三回の報告を受けていたことがわかったのは三月一六日

だった。

希望の山井が出した質問主意書に対する回答で、加藤が二〇一七年一一月一七日、同二二日、一二月二二日に報告を受けていたことが明らかになった。ただし、その報告内容について厚労省は「個別事案なので回答を控える」と詳しい説明を避けた。再三の野党側の求めに応じ、ようやく二八日の衆院厚労委の理事会にこの時の報告資料を提出した。ところが、開示された資料は大半が黒塗りだった。

厚労省が提出したのは、加藤への報告の際に示した資料で、A４判で計五枚。個人情報にかかわる部分や、今後の労働基準監督署の調査に影響を及ぼすおそれがある部分を黒塗りにしたとしている。

野村不動産の裁量労働制の運用状況について調査し、東京労働局長が特別指導について定例会見で公表することなどを報告した部分は開示されたが、調査をした経緯や結果、調査で認められた問題点の一部など大部分が黒塗りだった。タイトルの一部も黒塗りにされており、黒塗りでない部分に過労自殺に関する記述は一切なかった。すべてが黒塗りの項目や、「2」という項目番号以外がすべて黒塗りになっているページもあった。

山井は三月二八日の衆院厚労委で、加藤に「何を隠しているのか。（黒塗りの部分に）過労死、労災申請、労災認定という言葉が入っているのではないか」とただしたが、加藤は個人情報への配慮などを理由に、「お答えを差し控えさせていただく」と応じなかった。

その後、この黒塗りをめぐって野党が断続的に追求することになる。

「なんなら是正勧告してあげてもいいんだけど」

国会で野村不動産社員の過労自殺をめぐってやりとりが続く中、特別指導をした東京労働局の定例会見が三月三〇日午前に開かれた。野村不動産で過労自殺事案があったことが明らかになってから、初めての会見となる。

会場は特別指導の発表があった三か月前と同じ、東京労働局一四階の局長室。労働局長の勝田がどんな説明をするのかを聞こうと、贄川、千葉、澤路の三人で会見に臨んだ。質疑応答は、労働局の発表が終わった三〇分過ぎから始まった。

贄川が最初に質問した。特別指導は局長が判断したのか、なぜ公表したのか、労災認定を隠そうとする意図があったのではないか——。続けざまに聞いたが、勝田は厚労省の一般的な見解を交えながら、「お答えできません」「ノーコメントです」などの回答を繰り返した。明らかに身構えて対応を準備しているようだった。

二〇一七年一二月一日の定例会見で触れた「ボクシングデー」の予告は特別指導のこと

を示唆していたのではないかなどと、澤路や千葉も重ねて質問をするが、勝田は「いろいろあったんです」と明言を避けた。

そんなやりとりが一五分ほど続き、再び贄川が一二月二六日の会見で勝田が法違反についての是正勧告を公表したかどうかに質問しているときだった。

「なんなら、皆さんのところ(に)行って是正勧告してあげてもいいんだけど」

出席していた新聞・テレビ各社の記者に対し、勝田が笑いながらそう言った。

贄川は唐突に出てきた勝田の発言の趣旨を理解できず、「どういう意味なのか?」と真意をただした。勝田は「みなさんの会社も労働条件に関して真っ白ではないでしょう」と続けた。テレビ局を例に、「長時間労働という問題で様々な指導を集まってやってもらっている。逐一公表していませんけど」とも述べた。そのうえで、通常は公表しない企業への是正勧告について、野村不動産への特別指導と同様に、公表するか否かを自分が判断できることも示唆した。

千葉が「いろんな質問をしたら調査に入るということか?」と、質問する報道陣への脅しかと問うと、勝田は「そういうことではありません」と釈明した。「言い過ぎだった」「言葉足らずだった」とも述べたが、結局、その場では発言は取り消さなかった。

三人は、企業を監督指導する労働行政の責任者が権限をちらつかせて報道機関を牽制したととられかねない発言だと判断。「東京労働局長、記者団に『是正勧告してあげてもいい』」との記事を同じ日の午後七時ごろにインターネットで配信した。

記事を配信した直後の午後八時半過ぎ。東京労働局は、勝田の「是正勧告してあげてもいいんだけど」などの発言が「不適切だった」として撤回することを、会見に出席した記者にメールで伝えてきた。東京労働局によると、勝田がネットの記事を見て発言を撤回する必要があると判断したという。

勝田は、二〇〇九年から三年間は広島労働局長を経験しているが、海外勤務が長いため、監督経験は多くない。勝田を知るある厚労省関係者は「本人は悪気があって言ったのではないだろうが、監督現場からすると絶対に言ってはいけない言葉だ」と話した。

参考人招致へ

「なんなら是正勧告」発言の反響は大きかった。週末には、インターネット上で労働法学者や弁護士から「これは一発レッドカードだ」「直ちに職を辞して謝罪すべき」などとの声が相次いだ。

土日を挟んで週明けの四月二日から、厚労省は対応に追われた。

二日午前にあった野党ヒアリングで厚労省は、事情を聞いた蒲原基道・事務次官が電話で勝田を厳重注意したことを明かした。午後には野党議員が東京労働局へ出向いて勝田から事実関係の聞き取り調査をした。不適切発言のあった会見にはＮＨＫ以外のテレビ局が来ていなかったこともあり、多くのテレビカメラが勝田の肉声を聞こうと東京労働局一一階のエレベーターホールに押し寄せた。勝田は当初、報道陣の取材には応じない姿勢を示したが、結局、ぶら下がり取材を受けた。

この日の勝田は神妙な表情を浮かべていた。報道陣の質問に、「威圧するような形でとられたのは決して本意ではない」「様々な企業に是正勧告をおこなっていることについて述べようとして、不適切な発言になった」「わかりやすく言おうと思って舌が滑った」などと釈明に終始。その上で「職責を尽くしていくというのが私の役割だと思っている」と辞任する考えはないことを明言した。

三日の閣議後会見では、厚労相の加藤が「監督、指導の任にあたる局長の立場として甚だ不適切だ」と指摘。働き方改革関連法案の国会への提出を前に、野党からは勝田の辞任を求める声が上がっていることを念頭に「厳正に対処したい」と述べ、勝田の処分を検討する考えを明らかにした。

五日には、勝田を参考人として招致する衆院厚労委の集中審議が六日におこなわれることが決まった。

プレゼント発言

勝田の会見内容には、他にも問題になったことがある。野村不動産への是正勧告の公表と「プレゼント発言」だ。勝田を参考人として招致した衆院厚労委の集中審議では、野党議員の質問はこの二つの問題に集中した。

是正勧告の公表とは、東京労働局が二〇一七年一二月二六日に特別指導の公表をおこなった際に、普段ならば公表しない労働基準法違反の是正勧告を一緒に公表したかどうかという問題だ。厚労省がほとんど黒塗りで国会に提出した加藤への特別指導の報告に使った資料には「是正勧告」の文字がなかった。もし、東京労働局が是正勧告を公表していたとすると、この部分の黒塗りを外す必要に迫られる。過労自殺から特別指導に至った経緯を確かめられる可能性があるために野党はここにも注目していた。

特別指導を公表した一二月二六日の会見の時点で、勝田は記者の「是正勧告ですか」との問いに「労働基準監督署において是正勧告を行っています。私からは、社長に対して特別に直接の全社的な指導を行った」と述べていた。同席した鈴木伸宏・労働基準部長も「今回は会社が勧告って申しているんで、我々としても認めざるを得ない状況」と説明していた。野村不動産側も是正勧告を受けたことを当初からホームページで公表していた。

三月三〇日の会見でも、勝田は記者の「認めたってことでいいんですよね」という質問に「あ、いいのか」（勝田）「うん、是正勧告したって話は、お話し申し上げた」（鈴木）「そうかそうかそれは良いんだな」（勝田）と認めていた。こうしたやりとりは、厚労省が出した東京労働局の記者会見の記事録でも確認できた。

ところが、加藤は四月三日の閣議後会見で、「労働局として認めたことはないと承知している」と説明。厚労省側は認めていないとの一点ばりだった。

四月六日、衆院厚労委の集中審議。希望の党の大西健介は勝田に対し、是正勧告の公表を「認めていますよね」とただした。

勝田は手元のペーパーを見ながら、「是正勧告を行ったことを認めたものではない」と答弁した。会見当日に野村不動産自身が是正勧告を受けたと公表したことを踏まえ、「会社が認めていることについてお答えしたもの」で、自ら公表したのではないとして、厚労省と同じ見解を示した。

「それ、世の中ではへりくつって言うんですよ」

大西は切って捨てた。結局、勝田や厚労省は是正勧告を公表したことを認めず、黒塗りを外すことに応じなかった。

「プレゼント発言」は、勝田が特別指導を一二月の記者会見で公表した際に「プレゼント」と述べた上で説明していたことを指す。過労自殺が背景にある事案だと知っていての発言なら死者を冒瀆するとして、過労死遺族から反発の声があった。

厚労省が国会に示した二〇一七年一二月一日の記者会見録などによると、勝田は報道各社に「二六日に一日遅れのクリスマスプレゼントがあります」と重要な発表があることを予告している。そして同二六日の会見で「プレゼントっていうほどいい話じゃないんですけど」と前置きしてから特別指導を公表していた。

一二月二六日の会見では特別指導以外に特別な発表はなかった。三月三〇日の会見で改めて記者から何を想定して発言したのかを問われた際、勝田は「いろいろあるんです」とはぐらかした。

四月六日の衆院厚労委で勝田は「『プレゼント』ととられかねない発言だった」と謝罪しつつも「プレゼントではないつもりで発言した」、「(一二月一日の予告は)特定のことを想定して申し上げたものではない」と釈明した。

立憲の初鹿明博は「素直に野村不動産の（特別指導の）件をプレゼントと認めて」と迫ったが、勝田は最後まで認めなかった。

遺族からのファクス

勝田が国会に参考人招致される前日の四月五日、野村不動産社員の過労自殺をめぐって新たな動きがあった。

正午ごろ、野村不動産社員の遺族名で、東京労働局と新宿労働基準監督署に労災認定を公表してもいいという趣旨のファクスが来たというのだ。これが事実なら、厚労省側は労災認定があったことを認めざるを得なくなる。黒塗りの報告書では明らかにされなかった、加藤に特別指導前に過労自殺を報告していたかどうかという点もわかる。加藤が特別指導前に過労自殺を知っていたとすると、政治責任が問われる事態になる可能性もある。

野党側はすぐにこの動きを察知し、国会などで追求を始めた。

五日午後の参院厚労委では、社民の福島みずほが加藤にこう質問を投げかけた。

「野村不動産の遺族が本日午前一二時過ぎに過労死を公表することに同意するというファクスを東京労働局に送付したと言われています。大臣、このことを御存じですか」

加藤は「おっしゃるような感じのファクスが来ているということは事実でありますが、ただ、それ以外なんの連絡をいただいていません。だれから来たのか。どういう趣旨なのかを含めて、申し上げる情報を持っていない」と明言を避けた。

同じころ、希望の山井ら野党議員六人が事実関係を確認するため、東京労働局を訪れていた。訪問後に報道陣の取材に応じた山井は、「漏れ聞いたところでは、個人名は伏せて過労死で労災認定を受けた事実を公表することに同意するという（ファクスの）内容だと聞いた。労働局は『中身については確認中、言えません』ということでした。公表してもらって結構という趣旨なのですから、すみやかにその事実を公表し、黒塗りの中の過労死という言葉を白抜きにすべきだ」と話した。

夕方におこなわれた野党ヒアリングでは、厚労省の土屋喜久・審議官は、まだ遺族側と連絡をとっていないことを明かした。野党が「隠蔽するつもりか」などと語気を強める中、「どう受け止め、対応するか、丁寧に慎重に対応していくと、それをきちんと進めていく」と一般論を述べるにとどめた。

勝田を参考人招致した六日の衆院厚労委の集中審議でも、複数の野党議員が多くの時間を割いて男性社員の遺族の意向に触れた。

野党議員らは「男性社員の遺族が五日、過労自殺の事実の公表に同意する趣旨のファクスを東京労働局に送った」と指摘し、加藤にこれは事実かとただした。

加藤は「昨日（五日）、野村不動産の絡みで、ファクスをちょうだいした」と答弁したが、「ご本人の意思等の確認、これをしっかりやっていかなければならない」などと述べ、ファクスが遺族からのものかどうかの明言を避けた。

それまで厚労省は「個人情報に関わる」という理由で過労自殺の事実さえ認めていなかった。ただし遺族自身や代理人が公表するなら、過労自殺があったことを認めると説明してきた。

野党の指摘どおりに、ファクスが遺族側から送られたもので、公表を容認する内容なら、過労自殺を認めるのか――。加藤は「（ファクスを）送られた方に接触をし、直接お話を聞くと、こういう方向で今準備というか、対応を図ろうとしているところです」と述べるにとどめた。

ファクスの真偽を確かめようと、六日に贄川が再び関西地方の弁護士を訪ねた。何度か接触を試みたが、弁護士は目も合わせようとせず、「答えられません」「なにも答えていません」の一点張り。最後まで取材拒否を貫いた。

黒塗りの理由

厚労省がようやくファクスが野村不動産社員の遺族本人から来たものだと認めたのは、四月九日だった。夕方の野党合同ヒアリングで、厚労省の土屋は「ファクスを送付したのは（遺族）本人と確認した」と明かした。ただ、過労死の有無については整理してから国会審議で対応するとして明言を避けた。

それまで厚労省は、野村不動産で過労死が起きていたこと自体を認めておらず、遺族や代理人が公表するなら認めると説明していた。この日のヒアリングでは、五日に東京労働局と新宿労働基準監督署に遺族の名前と電話番号が書かれたファクスが来て、翌六日に職員が電話でやりとりしたと説明。面会はできていないものの、生年月日など本人しか知り得ない情報を確認したという。

野党議員は、過労死の事実の有無やファクスの記載内容などを問いただしたが、土屋は「国会で答弁するかをいま詰めている」と述べるにとどめた。

ただ、厚労省のそれまでの説明を踏まえると、遺族からのファクスと確認できたことで、大臣への報告書の黒塗りされた部分の一部が明らかになる可能性が高いと思われた。厚労省は、資料の大半を黒塗りにしている理由を「個人情報に関わる」「監督指導に影響する」と説明してきたが、遺族が過労死の公表に同意したことで「個人情報」を黒塗りの理由にするのは難しくなるからだ。

ところが、翌一〇日の閣議後会見で厚労相の加藤は、野村不動産の社員が過労死し、新宿労働基準監督署が二〇一七年一二月二六日に労災認定したことを認めつつ、「今後の監督指導などにも影響を及ぼすという理由でマスキング(黒塗り)しているので、そこの事情は変わっていない」と述べ、黒塗りの内容を明かすことを拒否した。「遺族との同意の範囲を超えている」として過労自殺であることも認めず、公表するのはあくまで「過労死」とした。

一〇日の参院厚労委では民進の石橋ら野党議員が、厚労省が過労死の事実を認めたことを踏まえ、加藤に「過労死の労災申請をいつ知ったのか」と何度もただした。社員が過労死して労災認定されたなら、それより前に遺族から労災申請が出ていたことは自明だ。加藤は「(申請があったという)認識のもと(東京労働局の)監督指導が行われていた」と認めざるを得なかった。にもかかわらず、労災申請を知った時期の説明は拒み続けた。

黒塗りの部分に過労自殺に関する説明があるとみている野党議員は、過労死の事実を認めた以上、黒塗りを外すべきだとこれ以後も要求を続けたが、加藤は「監督指導に影響する」ことを理由に突っぱね続けた。

「理屈じゃない」

だが厚労省内では一時、遺族からのファクスを受けて、黒塗りの一部を外さざるを得ないという結論に傾いていた。

四月上旬、厚生労働省内の一室。加藤の怒号が響いた。

「何の意味があるんだ」

裁量労働制を社員に違法適用した野村不動産に対する特別指導をめぐり、黒塗りで公表した関連資料の一部を開示する――。加藤を怒らせたのは、厚労省幹部からのこんな説明だった。

加藤は国会で裁量労働制の違法適用を取り締まった事例として、この特別指導に言及していたが、指導のきっかけが社員の過労死だったことは公表しなかった。経緯の詳細な開示を求める野党に、厚労省は「個人情報保護」を理由に過労死の事実も認めなかったが、社員の遺族が公表の意向を示すと、一転して認めた。

厚労省幹部が「『過労死』という言葉は黒塗りを外すのが法律上、妥当」と考えたのは、こうした経緯を考えれば「正論」だった。しかし、加藤は受け入れず、こう言ったという。


「理屈じゃない。これは戦いなんだ」


参院厚労委の筆頭理事だった民進の石橋も、厚労省がファクスの送り主が野村不動産社員の遺族だという確認がとれたと認めた四月九日夜、厚労省側から「何らか黒塗りを外せるところがあると思う」と示唆があったと話す。与党側の理事からも同様の趣旨の見通しを伝えられていたというが、いざ翌一〇日の朝になってみると、厚労省の担当者が「黒塗りを外せる部分はありません」と伝えてきたという。

石橋はこういぶかる。

「どういう力が働いて結論がひっくり返ったかはよくわからない。『個人情報』が主な黒塗りの理由だったのに、『監督指導への影響』がいきなり強調されてきたのも解せない。おそらく夜か朝の段階で、何らかの政治判断があったとしか考えられない」

厚労省は黒塗りを一切明かさないことを公表した翌日の四月一一日、記者会見で複数の不適切な発言をしたとして、勝田を東京労働局長から更迭し、減給一〇分の一（三か月）の懲戒処分にした。同日付で大臣官房付に異動させて、部長級から課長級へと降格させた。厚労省は、勝田の「なんなら是正勧告」などの発言が国家公務員法に規定する「信用失墜行為の禁止」に抵触したと説明。この問題に一区切りをつけた。

これ以後、野村不動産社員の過労自殺をめぐっては、認定方針から実際の認定までの期間が異例に長い約三か月間かかっていたことや、過去に新宿労基署が同社の裁量労働制について調査しながら違法適用を見抜けなかったことなど、新たな事実が朝日新聞の報道で明らかになる。

しかし、加藤がいつ野村不動産社員の労災について把握したかは最後まで明らかにならなかった。野村不動産の特別指導をめぐる「政治責任」の追及をかわした加藤は、働き方改革関連法案の成立に向けて邁進していくことになる。

野党欠席で審議入り

四月二七日午後、働き方改革関連法案は国会で審議入りした。会期末を六月二〇日に控え、会期内成立を目指す政権にとってはぎりぎりのタイミングだった。

「戦後七〇年ぶりの大改革を実現する。本法案の成立に向けて、安倍政権として全力を傾注する安倍はこう力を込めた。

ところが、本会議場に主要野党の議員の姿はない。森友学園の国有地買収問題にかかわる公文書改ざん問題や財務省事務次官のセクハラ問題などで国会は空転が続いていたからだ。

野党が審議に復帰したのは連休が明けた五月八日、一九日ぶりに国会は正常化した。立憲と結成されたばかりの国民民主党は、働き方改革関連法案の対案を別々に提出した。両党の対案は、残業時間の罰則付き上限規制などが異なるが、「高度プロフェッショナル制度」に反対する方針では足並みをそろえた。

五月九日には、衆院厚労委で働き方改革関連法案の審議が始まった。

衆院厚労委での審議が進むにつれて、与野党間で最大の争点だった高プロについて、政府は修正する姿勢を見せ始める。

五月一五日の衆院厚労委。国民民主の岡本充功の質問への答弁で、加藤は「残業命令などをした場合には(高プロの)対象になり得ないという形で整備をしたい」と述べ、使用者が、高プロを適用された労働者に対し、働く時間や場所を指示できないとする規定を省令で定める方針を明らかにした。

さらに自民、公明、日本維新の会は、高プロにいったん同意して適用された人が自らの意思で撤回できるよう、規定を設ける法案修正に入った。

法案では、高プロの適用には本人の同意が必要と定めているが、撤回の手続きは定められていない。野党からは「いったん適用されたら、本人の意思でやめることができない」などと批判の声が上がっていた。

自民、公明と野党の日本維新の会、希望の計四党は五月二一日午前、高プロを適用された人が撤回する手続きを定めることを柱とした法案の修正で実質的に合意した。

首相への面会要請

審議が進むにつれて、働き方改革関連法案に反対する人たちは危機感を募らせた。過労死遺族でつくる「全国過労死を考える家族の会」は、当初から法案に強く反対していた。時間外労働の罰則付き上限規制が「単月一〇〇時間未満」となるのは長すぎるというのが一つの理由だったが、最大の理由は高プロの導入だった。遺族らは衆院厚労委の傍聴を続けていた。

五月一六日には、家族会と日本労働弁護団が高プロについて「長時間労働を助長する『過労死促進法』」だとして削除を求める共同声明を出した。家族の会代表の寺西笑子は「これ以上過労死や悲しむ遺族を増やさないでほしい」と訴え、首相の安倍に二二日までの面会を申し入れた。

だが、首相側はこの要請に回答をしなかった。国会で野党議員が首相の面談の可否について質問したが、内閣官房の担当者が「事務的に受領させていただいている」「所管である厚生労働省がご対応いただくものと承知している」と述べただけだった。

首相側からの回答がないことにしびれを切らした家族会のメンバー約一五人は回答期限の二二日から、「NO MORE KAROSHI」と書かれた横断幕を手に首相官邸前で二日間にわたる座り込みを始めた。

面談に応じない理由について国会で問われた安倍は、「政策的な要望」であることを挙げ、「法案を担当し、熟知している加藤（勝信）厚労大臣が答えさせていただくことが適当だと考えた」と説明。二三日の衆院厚労委でも改めて「厚労省において承らせてもらうとの結論に至った」と述べ、面談に応じない考えを示した。

家族会が面会にこだわったのは、「働き方改革実現会議」が進んでいた二〇一七年二月、安倍が、過労自殺した電通新入社員、高橋まつりの母・幸美と首相官邸で面談していたからだ。

安倍は、まつりの一周忌に花と手紙を幸美に送っていた。幸美と面会したのは、それに対するお礼の申し出を受け入れる形で実現した、と説明していた。

寺西は憤りを隠さずにこう言った。「同じ過労死遺族なのになぜ会えないのか。自らの政策を進めるために、遺族を政治利用しただけのように感じる」。結局、過労死遺族と安倍との面会は最後まで実現しなかった。

採決強行

衆院厚労委は五月二二日の理事会で、二三日午後に安倍が出席する質疑を行うことで合意。与党は二三日に採決することを提案したが、折り合いがつかなかった。

自民、公明両党の幹事長と国対委員長は二三日朝の会談で、同日午後の衆院厚労委で採決を目指すことを確認した。二三日朝の衆院厚労委の理事会でも、与党が改めて質疑終了後の採決を求めた。野党は拒否し、同日午後にかけて協議を続けることになった。

二三日午後の衆院厚労委では、安倍が出席して約一時間半の質疑が行われた。これに先立つ同日午前の理事会で、与党は野党に、この日の採決に応じるよう求めたが、野党は審議を尽くす前提が整っていないとして反対し、与野党間で協議が続けられた。

首相への質疑が終わっても法案審議のスケジュールについて折り合わず、高鳥修一委員長(自民)が職権で審議を進めようとしたため、野党が反発。委員会運営は「横暴かつ強引極まるもので、決して容認できない」などとして解任決議案を提出したが、二四日の衆院本会議では、与党などの反対多数で否決された。

二五日の委員会前の理事会では、法案の検討時に参照された労働時間調査のデータに「異常値」が相次いで見つかり、全体の約二割のデータが削除された問題で、厚労省が新たなミスを明らかにした。残る約八割のデータの中に誤って二重集計していたものが六事業所分あったというもので、野党は委員会の質疑で改めて調査内容を精査するよう求めたが、加藤は応じない考えを示した。

これらを受けて、野党は「データの更なる誤りの発覚など、厚労省は国民の信頼を完全に失っている」と批判。「厚労相の任を続けさせることは許されない」として立憲民主や国民民主、共産などの野党は加藤の不信任決議案を提出した。与党は午前中に採決に踏みきる予定だったが、不信任決議案提出で衆院厚労委は休憩になった。

加藤の不信任案決議はその日のうちに本会議で否決され、五月二五日夕、衆院厚労委が再開した。委員長の高鳥が「質疑を終局する」と宣言すると、野党議員が委員長席を取り囲んだ。

「こんな採決はおかしい」。怒号が飛び交う中で働き方改革関連法案の採決が強行された。自民の堀内詔子が合図を送り、与党議員が起立して賛成、可決された。付帯決議を読み上げるのは自民の橋本岳。議場内は騒然となったままで、傍聴席からは何も聞こえなかった。

衆院議院運営委は五月二九日午前の理事会で、与党が同日午後にめざしていた本会議採決を三一日に先送りすることを決めた。与野党が協議し、三〇日に衆院厚労委で野党が可決ずみの法案の質疑をするためだ。採決強行に反発した野党の求めに与党が応じた。

厚労省はこの日、委員会に先立ち、二〇一三年度労働時間等総合実態調査の精査結果の関連資料に、転記ミスがあったと国会に報告した。

データに異常値が次々に見つかって約二割を削除した上、採決強行の当日にも精査ミスが公表された。野党が信頼性を追及する中で審議が打ちきられただけに、委員会で野党は「採決をやり直すべきだ」（共産の高橋千鶴子）と指摘したが、政府・与党は応じなかった。

それでも、審議の進行に影響はなかった。働き方改革関連法案は五月三一日の衆院本会議で、自民、公明両党と日本維新の会、希望の党などの賛成多数で可決され、衆院を通過。六月四日には参院本会議で審議入りした。

高プロのニーズ

裁量労働制の拡大が削除された後、国会論戦の焦点は高度プロフェッショナル制度に移った。高プロについて盛んに議論された論点は、そのニーズだ。

一月三一日の参院予算委で、野党に「働き手のニーズ」を問われた加藤は、「自分のペースで仕事をしていける働き方を作ってほしいという要望を受けた」と答弁していた。

五月九日の衆院厚労委。立憲民主党の岡本章子は、働く人のニーズについてただした。

岡本　ニーズの把握は、何をもってしたのか。
加藤　いくつかの企業とそこで働く方から、いろんなお話を聞かせて頂いている。
岡本　どのくらいの数の方が(高プロの)必要があると答えたのか。
加藤　いくつかの企業の働く方々からお話を聞かせて頂いた。

岡本は人数を聞いているが、加藤は明確に答えず、この後に高プロに肯定的な意見を二つだけ紹介した。岡本が「全体としてどれくらいか」と重ねて求めると、ようやく「十数人からヒアリングした」と答えた。この答弁まで最初の質問から約八分かかった。

厚労省が五月一六日に示した聞き取り内容の概要は、研究開発職など三業務計一二人分のコメントを各一～四行掲載した全二ページの資料のみだった。コメントはすべて高プロ導入に前向きと取れる内容だったが、詳しい調査手法は明かされなかった。政府は適用が見込まれる働き手のヒアリングで全員が高プロに前向きな意見だったことを「ニーズ」の根拠としてきた。ただ、対象者はわずか一二人でデータの信頼性に疑問符が付いた。

六月四日の参院本会議で代表質問にたったのは立憲に移った石橋通宏。石橋は「高プロ制度の導入を要請したのは一体誰なのか。是非教えて下さい」とただし、「まさか、たった一二人の専門職にのみ聞いた話だとは言わないと思うが、調査結果を具体的に示して欲しい」と皮肉った。

安倍は、産業競争力会議で経済人や学識経験者から提案を受けた経緯を説明し、「適用を望む人が何人いるから導入するというものではなく、多様で柔軟な働き方の選択肢として整備するもの」などと答弁している。

その後、政府のヒアリングの実態が次々と明らかになった。

六月五日の参院厚労委では社民の福島がヒアリングについて聞いた。山越敬一・労働基準局長は、一二のうち九人は二〇一八年二月一日にヒアリングしていたことを新たに明らかにした。加藤が野党から質問を受けた翌日のことだったわけだ。七日の参院厚労委で福島は「二月一日なんて本当に茶番。アリバイを作るためだ」と批判した。

　残り三人についても疑問があった。山越は「制度設計が出来上がっていなかった」時期に実施したと説明していた。実際は、二〇一五年二月の労働政策審議会に高プロの骨格を示していた。ヒアリングはその後の三月だ。六月七日の参院厚労委で山越は「いずれにいたしましても、ヒアリングは高度専門職のニーズを把握した」と繰り返した。「いずれにいたしましても」は山越が盛んに使った言葉だ。

　六月一二日、厚労省はさらに詳細にヒアリング内容を明らかにした。対象人数は二〇一五年三月三一日に一人、同五月一一日に二人、二〇一八年一月三一日に六人、二月一日に三人に行っていたと説明を修正。対象企業は計五社だけで、このうち九人は人事担当者が同席していたこともわかった。

　一二日の参院厚労委で福島は「（ヒアリングは）ものすごく手抜き」と批判した。

　この日は加藤の過去の答弁も疑問視された。加藤は「私も色々と話を聞く中で、自分のペースで仕事ができる働き方をつくってほしいとの要望を受けた」（一月三一日の参院予算委）とヒアリングに同席していたかのように答えていたが、ヒアリングをしたのは厚労省の職員で、加藤が直接聞いていたわけではなかった。

　加藤は「色んな機会でそういう方と会った場合にぜひこうしてほしいと強くおっしゃる方もいて、これを申し上げている」と弁明した。

法案可決

働き方改革関連法案が当初の六月二〇日までの会期内に成立するかどうかが微妙になってくると、国会の会期延長論がささやかれるようになった。安倍と山口那津男・公明党代表は二〇日午前、国会内で会談し、会期を七月二二日までの三二日間延長することで合意した。

安倍は六月二六日、参院厚労委に出席する。夕刻、質疑が終わった後、与党筆頭理事を務める自民党の石田昌宏が動いた。野党筆頭理事の小林正夫（国民民主）に近づき、「採決をします」と声をかけた。「もっと審議をして」。野党議員が叫ぶ中、小林が「問責決議案を出しました」と発言。委員会は散会になった。

加藤に対する問責決議案を出す方針は二六日午後、野党国会対策委員長が確認していた。問責決議案は通常、法案審議よりも優先されるため、二六日の採決は見送られた。問責決議案は二七日、参院本会議で与党などの反対多数で否決された。

野党が歩調を合わせたのはここまでだった。

二八日昼の厚労委理事会。与党筆頭理事の石田は、参院の審議時間が衆院を上回ったことを持ち出し、採決を提案した。これに対し、野党筆頭理事の小林は「付帯決議を行える環境を考えると、ぎりぎりのところだと判断した」と受け入れる考えを示した。

立憲民主、共産、社民などは、採決を阻止するため、委員長の島村大（自民）の解任決議案を提出した。だが、参院野党第一党の国民が決議案に加わらず、参院議院運営委員会では与党や国民などの反対で本会議の議題にしないことが決まった。

委員会が再開されたのは二八日午後七時前。与野党五議員がそれぞれ賛成と反対の意見を表明した直後、委員長の島村が採決のための挙手を促した。「ダメだ」「欠陥法案だ」と怒鳴り声が議場に響くなか、法案は賛成多数で可決された。

可決後、高プロを導入する全ての事業場に対して、労働基準監督署が立ち入り調査を行い、必要な監督指導を行うことなど四七項目の付帯決議を議決した。付帯決議には、与党のほか、法案には反対した野党の国民民主、立憲民主も賛成した。

「これがあなたを追い詰めた日本の姿」

審議が大詰めを迎えると、電通事件で過労自殺した高橋まつりの母幸美は、メディアの取材に応じて発信をするようになっていた。

幸美は朝日新聞の取材に、働き方改革関連法案の国会審議について「私の気持ちが届いていない」と話した。

安倍は、二〇一七年二月に首相官邸で幸美と面会した際、「働き方改革をなんとしてでもやる」と決意を話し、国会でも「過労死の悲劇を二度と繰り返さない」と何度も断言していた。幸美は、その言葉が本気かどうか見つめ続けていた。

幸美は、安倍の答弁や姿勢に違和感を覚えたという。安倍は、高プロを「多様で柔軟な働き方の選択肢として整備する」と説明していたが、長時間労働が助長されるかどうかは明確に答えず、過労死遺族が求めた面会にも応じなかった。

幸美には、安倍の態度が「『過労死を繰り返さない』という言葉と矛盾している」と映っていた。朝日新聞は幸美のインタビューをもとに、六月二三日付の朝刊で「高プロ『安倍さん、矛盾では』　過労死無くす、断言したのに　電通・高橋まつりさん母」という記事を掲載した。

過労死遺族は連日、国会で法案審議を見守っていた。

喧噪の中、法案が賛成多数で可決された六月二八日の参院厚労委。傍聴席にいた遺族は首を横に振ったり、うなだれたりしながら、採決の瞬間を見届けた。

NHK記者の佐戸未和(当時三一)を過労死で亡くした母恵美子は「むなしい。これからも未和のように過労死する人が出てきてしまう」と肩を落とした。恵美子は高プロに反対する集会や国会の審議に足を運び続けた。「遺族として一番つらい瞬間だ。成立した後も、過労死を無くすことを残された人生のライフワークとして訴えていきたい」と話した。

小児科医だった夫を過労自殺で亡くした中原のり子・東京過労死を考える家族の会代表は、可決の瞬間、涙を浮かべていた。高プロの働き過ぎ防止策は不十分と訴え続けてきた。可決後に国会前で開いた反対集会で「数の力だけで命を奪う法律を通していいのか。こんな法律を私は許しません。労働者が健康で希望を持って働き続けられる社会を守っていきましょう」と呼びかけた。

翌二九日午前の参院本会議で、働き方改革関連法は可決、成立した。

遺族は黒い服を身にまとい、過労死や過労自殺で亡くなった親族の遺影を持ってその瞬間を見届けた。家族の会代表の寺西は四年前に成立した過労死防止法を引き合いに出し、「よもや過労死防止に逆行するような法律の成立を目の当たりにするとは思わなかった。悔しくてたまらない」と憤った。

この日の傍聴席には幸美の姿もあった。

「これがあなたを追い詰めた日本の姿だよ」

働き方改革関連法が参院本会議で成立した直後、涙を流しながら傍聴席に持参したまつりの遺影にこう語りかけた。
法の成立後に国会内で開いた会見で、幸美はこう注文をした。
「過労死防止と矛盾する内容で大変残念です。仕事で命と健康をなくさないよう、これからも働き方改革の審議をしてもらいたい」

ご飯論法

国会審議で目立ったのは、厚労相の加藤が野党の質問に正面から答えず、繰り返しはぐらかす場面だ。
高度プロフェッショナル制度について、三月二日の参院予算委で小池晃(共産)との間で行われたやりとりは、こんな調子だ。

小池　高プロで労働時間の指示ができないという規定が法律上ありますか。

加藤　そういったことはこれから指針を作ることになっております。(中略)法律が通れば、労働政策審議会でご議論いただくことになるという風に考えております。

小池　法律上まったくないわけですね。私の質問に答えていないんですよ。一〇四日間休ませれば、あとはずうっと働かせることができる。これを排除する仕組みが法律上ありますかと聞いている。

加藤　ですから、働かせるということ自体がこの制度にはなじまないということですから、法の趣旨を踏まえた指針を作っていく、そして指針に基づく決議を決めていただく、そして決議は指針を順守しなければならない。こういった議論がなされているので、委員がおっしゃったようなことにはならないと思います。

小池　なるかならないかと聞いているんじゃない。私が指摘したような働き方は法律上できないという規定になっていますかと聞いているんです。

加藤　ですから、一般であれば残業を命じられてそれにのっとって仕事をしなきゃならないわけです。しかし、この高プロ制度はそういう仕組みになっていないんです。

小池　答えていないです。答えていないんですよ。法律上そういったことが禁止されていますかと聞いているんです。イエスかノーかで答えてください。

加藤　ですから、先ほど申し上げた仕組み全体の中でそうしたことにならないという形をつくっていきたいと、こういう風に考えている訳であります。

［審議中断］

加藤　先ほどから同じ答弁になって恐縮ですけども、その法律の仕組みの中で、今申し上げたこと、そうした懸念を排除していく、そういったことを考えていきたいと、こういう風に考えております。

小池　全く答えを逃げている。じゃあこういう風に聞きますね。一〇四日間さえ休めば、残り年間六〇〇〇時間を超える労働をしても、それは違法にはなりませんね。今回の高プロの仕組みでいえば違法にはなりませんね。

加藤　ですから、それ自体を規制するという規定はありません。

審議の中断を挟んで六回目の答弁で、やっと答えたことになる。

こうした加藤の答弁は、野党だけでなく、メディアやネット上でも問題視され始める。そんな時に出てきたのが、「ご飯論法」というネーミングだ。

「ご飯論法」が広がったのは、上西充子・法政大学キャリアデザイン学部教授が五月六、七日に投稿したツイッターと記事が発端だ。上西は、こんな例えをした。

Q「朝ごはんは食べなかったんですか？」

Ａ「ご飯は食べませんでした（パンは食べましたが、それは黙っておきます）」

「朝ご飯を食べましたか」という質問に、パンは食べたけど米のご飯は食べていないので「食べていない」と答えるように論点をずらす不誠実な答弁姿勢だ――。上西はこう指摘した。すると、漫画評論家の紙屋高雪が「ご飯論法」と名付けた。このネーミングを、さらに上西らがツイッターなどのＳＮＳ上で拡散させた。

「ご飯論法」は、一年の世相を反映した言葉を選ぶ「ユーキャン新語・流行語大賞」の二〇一八年のトップテンにも選ばれることになる。

浪費された時間

法案が国会提出された後の五～七月の両院の厚労委では、「ご飯論法」との批判を浴びならも、加藤はこうした答弁を繰り返した。こうした「無駄なやりとり」は、審議の停滞や時間の浪費を招いたが、加藤は法案成立までそうした答弁姿勢を貫くことになる。

例えば、法案検討時に参照された労働時間調査に異常値が大量に見つかり、厚労省が全データの約二割を削除した問題でのやりとり。五月一六日の衆院厚労委で、データ削除後の集計結果が削除前と大きく変わらないことを理由に調査を撤回しない厚労省の対応について、立憲の西村智奈美が質問した。

西村 二割ものデータが誤りという調査結果全体に対する信憑性が失われた。(削除後の)データに、全く誤りがないと答弁できるか。

加藤 エラーチェックをしっかりやることで精度を上げた。従前より信頼性が高い。

西村 全然答えていない。誤りがないと言い切れるのか。

加藤 従前に比べて、信頼性の高いものになっている。

こんなやりとりが約一〇分続き、野党側の抗議で審議は三度も中断している。

次は野村不動産への特別指導をめぐる質疑。厚労省が大半を黒塗りにして国会に提出した経緯の資料について、五月九日の衆院厚労委で西村が、厚労省が同社社員の過労自殺を労災認定していたと認めた後も「過労死」という言葉の黒塗りを外さない理由を問うた時だ。

西村 なぜ外せないのか。

加藤　労災申請をいつしたかは、申し上げられないことになっており、それにかかる話は差し控える。

西村　いつ労災申請したかは聞いていない。

加藤　何が端緒だったか等々をつまびらかにすることは、今後の監督指導に支障がある。

西村は最後、「端緒が何だったかは聞いていない。はぐらかさないでほしい」と語気を強めた。

「一回切れている」

極めつきは、高プロのニーズについてのヒアリングをめぐる一幕だ。

加藤は一月三一日の参院予算委で、「私も色々と話を聞く中で、その方は、自分はプロフェッショナルとして自分のペースで仕事をしていきたいんだと、そういった働き方をつくってほしいと、こういう御要望をいただきました。例えば、研究職の中には、一日四時間から五時間の研究を一〇日間やるよりは、例えば二日間集中した方が非常に効率的にものが取り組める、こういった声を把握していたところでありまして」と厚労省がおこなったヒアリングに同席していたかのように答えていた。

だが、六月一二日の参院厚労委で立憲の石橋通宏にただされると、同席しているかのように加藤が話したヒアリングの一部が、実際には三年前に厚労省の職員だけで行っていたものだったことを明らかにした。

加藤は、「私も色々と話を聞く中で」から始まる部分については、「たまたまそういう会合に（高プロの対象になりそうな人が）いらっしゃったときに、これについてどう思いますかと聞かせていただきました」と、個人的に聞いた内容を紹介したものだと説明。その後の「例えば、研究職の中には」以下の部分については、「厚労省としてヒアリングしたものを間接的に聞かせていただいた」ものだと釈明した。

こうした釈明について、社民の福島が「誰が聞いても大臣自身が直接聞いたとしか聞けない。虚偽答弁だ」と迫った。加藤は、発言当時の議事録をみながら「例えば、研究職の中には」の前に「改行」があることを指摘し、前後で別の文脈になっていると説明するために、こう言ってのけた。

「『要望をいただきましたと』と一回切れて、例えばというのは、研究職の中にはという意味で例えばと申し上げているので。しかも、声を把握しているといっているじゃないですか。聞いているなんて言っていないじゃないですか」

朝日新聞は七月二〇日の朝刊に掲載した「(けいざい＋)「働き方」国会・余録：上」で、こうした加藤の「戦い」を描き、最後をこう結んだ。

「野党の猛攻をかわしきり、法成立のミッションを果たした加藤。永田町では早くも『官房長官候補の一人』とささやかれている」

記事を最後まで読んだ加藤は、「いいオチだな」と満足そうだった――。厚労省内にはこう伝わっている。

エピローグ

「働き方改革」の後、安倍政権は新たな目玉政策として「人づくり革命」を掲げた。

東京・永田町の合同庁舎八号館二階にある「一億総活躍推進室」兼「働き方改革実現推進室」の入り口に、三枚目となる「人生一〇〇年時代構想推進室」の看板がかかったのは二〇一七年九月八日。一億総活躍と働き方改革の時と同じように、安倍と担当となった茂木敏充・人づくり革命担当相が報道陣の前で写真撮影に応じた。

推進室の事実上のトップになったのも、同じように新原浩朗だった。「人づくり革命」の具体策を議論するため、安倍を議長とする「人生一〇〇年時代構想会議」が官邸に作られ、神津里季生・連合会長と、榊原定征・経団連会長が有識者メンバーに選ばれた。

「人づくり革命」の具体策として打ち出された幼児教育や高等教育の無償化は、この年の総選挙で自民党の公約に掲げられ、年末には一兆円を超える額が予算計上された。

二〇一八年七月、新原は古巣の経済産業省に戻り、筆頭局長の経済産業政策局長に就任した。安倍や今井尚哉・首相秘書官から高い評価を受けていると言われ、次の経産省事務次官の有力候補だ。目玉政策をぶち上げては「看板」を次々と掛け替える安倍政権の指示を忠実にこなし、「官邸人事」の象徴となっている。

至上命令だった働き方改革関連法の成立にこぎ着けた加藤勝信。国会で駆使した「ご飯論法」は、二〇一八年の流行語大賞トップテンに選ばれた。加藤は、安倍が総裁三選を決めた後の一八年一〇月、自民党の総務会長に就任。「次期官房長官候補」どころか、今では、「ポスト安倍」の一人として名前が挙がる。

同一労働同一賃金の「理論的支柱」となった水町勇一郎・東大教授は解説本を出版。関連法成立後も、企業の労務担当者向けのセミナーにひっきりなしに呼ばれ、多忙な日々を送っている。

労働時間調査の不適切データ問題で国会を混乱させた厚労省は、二〇一九年の通常国会で今度は、統計不正問題が明らかになった。働き方改革で新原とともに事務方のツートップを勤めた岡崎淳一は、厚労省退職後も「参与」として厚労省に席を置き、国会対応にあたっているという。

高橋幸美は、電通に対する有罪判決の確定後、娘まつりの元上司の不起訴処分は不当だとして東京第一検察審査会に申し立てた。働き方改革関連法成立から一カ月後の二〇一八年七月二七日に公表された議決は「不起訴相当」。幸美の思いとは逆だったが、議決は「入社一年目で自殺した無念さ、尊い命が奪われた親族の心情は察するに余りある」と記した。

電通事件の刑事手続きは、これで終わった。この年末、幸美は、厚労省の過労死等防止対策推進協議会のメンバーに選ばれた。過労死防止対策の策定に関わることになった。

安倍政権に揺さぶられた連合は、二〇一九年秋に結成から三〇周年を迎える。一〇月に予定されている定期大会では、今後も「労働者の代表」であり続けるための新たなビジョンをまとめることになっている。定期大会で今の執行部の任期が終わり、人事も議論される。

働き方改革関連法は二〇一九年四月から順次施行されている。企業の現場では、法改正に対応した動きが急ピッチで進む。安倍が国会で連呼した「働く人の立場に立った改革」なのかどうか、明らかになるのはこれからだ。

あとがき

本書は、二〇一六年春から二〇一八年夏にかけて朝日新聞紙上に掲載された、「働き方改革」に関連する記事に加筆し、再構成したものである。

「働き方改革」の評価は、様々な立場からなされている。本書の狙いは、その評価を下すことではなく、決定プロセスを可能な限り明らかにすることにある。「働き方改革」は官邸主導により水面下で進められたため、議事録などの公式文書に目を通すだけでは実態はわからない。不十分ではあっても、当事者の肉声を記録しておくことに意義があるのではないか。そんな思いから本書の出版を企画した。「働き方改革」に関心を寄せる多くの方に読んで頂きたいと思う。

実名、匿名を問わず、取材に協力して頂いた関係者のみなさんに、改めてお礼を申し上げたい。特に、高橋幸美さんには長時間の取材に応じて頂いた。まつりさんのご冥福をお祈りする。

「働き方改革」が議論された二年余り、筆者三人は、朝日新聞東京本社経済部の労働チームで席を並べ、情報交換を密にしながら取材を進めた。当然ながら、取材に関わったのは三人だけではない。特に河合達郎、高橋健次郎、村上晃一、米谷陽一、土屋亮、松浦祐子ら各記者の取材成果が本書に盛り込まれている。そのほか、官邸や国会の動きについては政治部、電通事件の経過については社会部・司法クラブの取材に多くを負っている。また、この間、労働チームを担当した木村裕明・東京経済部次長の熱意あるデスクワークがなければ、精力的な報道は不可能だったろう。特に謝辞を記しておきたい。

旬報社の古賀一志氏には、本書の出版企画を快く引き受けていただき、全体の構成について有益なアドバイスを頂いた。

二〇一九年四月

朝日新聞編集委員　澤路毅彦

年表　安倍政権と「働き方改革」

二〇一二年

一二月二六日　第二次安倍政権発足

二〇一三年

三月二〇日　日本銀行総裁に黒田東彦

九月二〇日　第一回経済の好循環実現に向けた政労使会議

二〇一四年

四月一日　消費税、八％に引き上げ

四月二二日　経済財政諮問会議・産業競争力会議合同会議で民間議員が新しい労働時間制度を提案

六月三日　榊原定征、経団連会長に就任

六月二四日　『日本再興戦略』改訂二〇一四」を決定。新たな労働時間制度の創設を盛り込む

九月三日　内閣改造。厚生労働相に塩崎恭久

二〇一五年

一一月一日　過労死等防止対策推進法施行

一一月一八日　消費税一〇％への引き上げの延期を発表

一二月一四日　衆院総選挙

一二月二四日　内閣改造

二〇一五年

四月三日　労働基準法改正案を閣議決定。高度プロフェッショナル制度の創設と裁量労働制の拡大を盛り込む

一〇月七日　内閣改造、一億総活躍担当相に加藤勝信

連合定期大会、会長に神津里季生、事務局長に逢見直人を選出

一〇月二九日　第一回一億総活躍国民会議

一二月八日　加藤・一億総活躍担当相が水町勇一郎・東京大学教授と面会

一二月二五日　電通新入社員の高橋まつりが投身自殺

二〇一六年

一月二二日　安倍首相が施政方針演説で「同一労働同一賃金の実現に踏み込む」

二月一八日　水町・東大教授が安倍首相と面会。三法改正を提言

二月二三日　第五回一億総活躍国民会議。安倍首相、同一労働同一賃金に関する有識者検討会設置を表明

三月二三日　第一回同一労働同一賃金の実現に向けた検討会
三月二五日　第六回一億総活躍国民会議。安倍首相、時間外労働規制の再検討を指示
六月一日　消費税引き上げ、再延期を発表
六月二日　第九回一億総活躍国民会議。ニッポン一億総活躍プランを決定
八月三日　内閣改造。「働き方改革実現会議」の設置を発表。担当相に加藤勝信
九月二日　内閣官房に働き方改革実現室を設置
九月二七日　第一回働き方改革実現会議
一〇月七日　初の過労死等防止対策白書を閣議決定
　高橋まつりの遺族、労災認定について記者会見
一一月七日　電通を労働基準法違反の疑いで強制捜査
一一月二九日　第四回働き方改革実現会議。安倍首相「次回に同一労働同一賃金のガイドライン案を」
一二月二〇日　第五回働き方改革実現会議。「同一労働同一賃金」ガイドライン案公表
一二月二八日　電通を書類送検。石井直社長が辞任表明

二〇一七年

二月一日　第六回働き方改革実現会議。時間外労働の罰則付き上限規制について神津・連合会長が「一〇〇時間など到底ありえない」と発言

二月一四日　第七回働き方改革実現会議。時間外労働の上限規制について事務局案提示
二月二二日　第八回働き方改革実現会議
二月二七日　神津・連合会長、榊原・経団連会長が東京・帝国ホテルで会談
三月一三日　神津・連合会長、榊原・経団連会長が官邸で安倍首相に労使合意を報告
三月一七日　第九回働き方改革実現会議。時間外労働の上限規制に関する政労使提案と働き方改革実行計画の骨子提示
三月二八日　第一〇回働き方改革実現会議で働き方改革実行計画を承認
七月二日　東京都議選が投開票され「都民ファーストの会」が第一党に
七月五日　東京区検、電通を労働基準法違反で略式起訴
七月八日　連合、三役集中審議。執行部が労働基準法改正案に関する修正要請について説明
七月一二日　東京簡裁、電通の略式起訴処分を「不相当」
七月一三日　神津・連合会長、官邸で安倍首相に高度プロフェッショナル制度と裁量労働制の拡大について労働基準法改正案の修正を要請
七月二一日　連合、中央執行委員会。政労使合意の組織決定を延期
七月二七日　連合、札幌市で臨時中央執行委員会。労基法改正案の修正に関する政労

使合意見送りを正式決定

八月三日　内閣改造。厚生労働相に加藤・働き方改革担当相が横滑り

九月一五日　労働政策審議会労が働き方改革関連法案の法案要綱を答申

九月二五日　小池百合子・東京都知事が「希望の党」設立

九月二八日　安倍首相、衆議院を解散

前原誠司・民進党代表が「希望の党」への合流意向を表明

一〇月三日　立憲民主党が設立届け出

一〇月五日　連合の定期大会で神津会長の続投が正式決定

一〇月六日　東京簡裁が電通に罰金五〇万円の有罪判決

一〇月二二日　衆院総選挙、自民・公明が大勝

一一月一日　新内閣発足、全閣僚が留任

一二月二六日　東京労働局、裁量労働制の違法適用で野村不動産を特別指導と発表

二〇一八年

一月二二日　第一九六回通常国会始まる

一月二九日　衆院予算委で安倍首相、「裁量労働制の方が労働時間が短いというデータも」

二月一四日　安倍首相、発言を撤回

二月二八日　安倍首相、働き方改革関連法案から裁量労働制の拡大を削除する方針を表明
三月四日　朝日新聞が野村不動産で過労自殺認定と報道
三月三〇日　東京労働局長の定例会見。勝田局長が報道陣に「何なら是正勧告」と発言
四月六日　働き方改革関連法案を閣議決定
四月一一日　東京労働局長を更迭
四月二七日　衆院で働き方改革関連法案が審議入り。野党は審議拒否
五月七日　国民民主党結党
五月二五日　働き方改革関連法案を衆院厚労委で採決。賛成多数で可決
五月三一日　働き方改革関連法案、衆院本会議で可決
六月四日　参院で審議入り
六月二九日　働き方改革関連法案が参議院本会議で可決、成立

参考文献

上西充子「裁量労働制――拡大でなく限定を」(『Journalism』三三六号二〇一八年)
同「裁量労働制を問い直せ」(『世界』二〇一八年五月号)
岡崎淳一『働き方改革のすべて』(日本経済新聞出版社、二〇一八)
神津里季生『神津式労働問題のレッスン』(毎日新聞出版、二〇一八)
高橋幸美・川人博『過労死ゼロの社会を――高橋まつりさんはなぜ亡くなったのか』(連合出版、二〇一七)
水町勇一郎「『格差』と『合理性』――非正規労働者の不利益取扱いを正当化する『合理的理由』に関する研究」社会科学研究六二巻三＝四号、一二五頁以下
同「『同一労働同一賃金』は幻想か？――正規・非正規労働者間の格差是正のための法原則のあり方」鶴光太郎ほか編『非正規雇用改革』(日本評論社、二〇一一)
同「不合理な労働条件の禁止と均等・均衡処遇(労契法二〇条)」野川忍ほか編『変貌する雇用・就労モデルと労働法の課題』(商事法務、二〇一五)
同「労働条件(待遇)格差の『不合理性(合理性)』の内容と課題」日本労働法学会誌一二八号
同『「同一労働同一賃金」のすべて』(有斐閣、二〇一八)

澤路毅彦（さわじ・たけひこ）
1965年生まれ。1991年朝日新聞入社。大阪本社経済部、東京本社経済部などを経て、2013年から東京本社編集委員（労働担当）。共著に『非正規クライシス』（朝日新聞出版）。ツイッターは@sawaji1965。

千葉卓朗（ちば・たくろう）
1979年生まれ。2004年朝日新聞入社。東京本社経済部、東京本社社会部を経て、2016～2019年に東京本社経済部労働チーム（厚生労働省、遊軍）。朝日新聞経済部著『限界にっぽん』（岩波書店）で執筆を担当。現在は名古屋本社報道センター経済グループ。

贄川 俊（にえかわ・しゅん）
1980年生まれ。2006年朝日新聞入社。名古屋本社報道センター社会グループ、東京本社社会部を経て、2016～2018年に東京本社経済部労働チーム（連合担当、遊軍）。現在は東京本社社会部で国土交通省（運輸）担当。ツイッターは@ShunNiekawa。

ドキュメント「働き方改革」

2019年6月13日　初版第1刷発行

著者……澤路毅彦＋千葉卓朗＋贄川 俊
ブックデザイン……宮脇宗平
発行者……木内洋育
担当編集……古賀一志
発行所……株式会社旬報社
〒162-0041
東京都新宿区早稲田鶴巻町544 中川ビル4階
TEL：03-5579-8973　FAX：03-5579-8975
ホームページ：http://www.junposha.com/
印刷・製本……シナノ印刷株式会社

ISBN978-4-8451-1595-2